Capitaine THOBIE

LA

PRISE DE CARENCY

PAR LE PIC ET PAR LA MINE

Avec 87 gravures et 3 planches hors texte

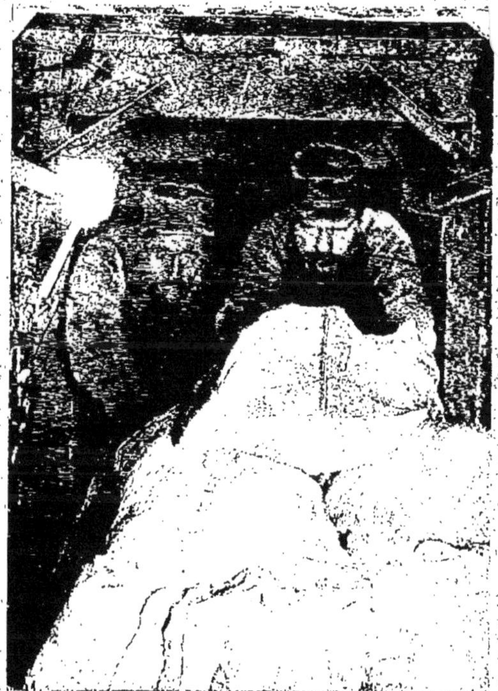

PARIS, BERGER-LEVRAULT, ÉDITEURS

LA PRISE DE CARENCY

—

PAR LE PIC ET PAR LA MINE

CAPITAINE THOBIE

LA
PRISE DE CARENCY

PAR LE PIC ET PAR LA MINE

Avec 87 gravures et 3 planches hors texte

BERGER-LEVRAULT, LIBRAIRES-ÉDITEURS

PARIS	NANCY
5-7, RUE DES BEAUX ARTS	RUE DES GLACIS, 18

1918

AVANT-PROPOS

Une longue période de paix nous avait fait perdre de vue les causes profondes de convoitise et même de lutte qui se développaient contre nous chez nos voisins de l'Est. Forts de l'expansion que nos idées généreuses prenaient dans le monde, nous espérions que la ruse et la puissance matérielle hésiteraient toujours devant l'effroyable cataclysme que devait être l'état de guerre.

Nous étions décidés à faire des concessions, et nous l'avons montré en sacrifiant parfois notre amour-propre national. Nous étions persuadés que l'arbitrage international serait un frein suffisant à l'ambition des peuples qui s'organisaient de plus en plus, pour faire jaillir subitement l'étincelle qui allumerait l'incendie de l'Europe. Et pendant que nos ennemis ne songeaient qu'à la guerre et la préparaient dans les moindres détails, nous ne voulions penser qu'à l'organisation du bonheur des peuples par la suppression, de plus en plus nécessaire, des inégalités entre les classes et de la souveraineté souvent trop aveugle et trop irréductible des droits acquis. De ce fait, la lutte des classes prit trop d'importance et trop d'aigreur. Elle parut, aux yeux de nos ennemis, être l'origine de dissensions intérieures, que le temps ne pouvait qu'augmenter et que la guerre soudaine ne ferait qu'envenimer.

Pendant qu'en France une grande partie de l'activité intellectuelle s'employait à la propagation d'idées et de principes qui faisaient des adeptes dans les classes privilégiées, et qui, malgré des abus regrettables de ceux qui proclamaient la concorde, permettaient d'espérer l'accord entre tous par des concessions mutuelles librement consenties, en Allemagne, au contraire, le pays tout entier, embrigadé par la discipline stricte de l'impérialisme, ne cherchait nullement dans des concessions intérieures un accroissement général de bien-être. Par des arguments et des théories, dont le sophisme dissimulait mal l'intention de prendre aux puissances voisines les avantages et les biens que réclamait le peuple, le pangermanisme exaltait sa force et sa puissance, excitait les convoitises.

La discipline et l'organisation allemandes, qui nous étonnaient parce qu'elles étaient basées sur des restrictions, étaient le résultat, sans doute, d'une tendance naturelle aux réalisations, mais aussi d'idées de domination et de lucre savamment inculquées dans l'esprit de tous.

Des divisions relatives et temporaires fermentaient chez tous les peuples, l'absolutisme du pouvoir allemand en profitait pour canaliser l'instruction de son peuple vers des aspirations extérieures et pratiques; il donnait le ton aux discussions parlementaires. Il arrivait à faire admettre au pays que sa natalité considérable lui créait des droits sur les pays voisins moins peuplés. De là, il n'y avait qu'un pas pour faire admettre l'idée de guerre.

Dès le début d'ailleurs, les socialistes allemands mêmes suivaient l'Empereur, et, loin de venir en aide à ceux des autres pays qui essayaient d'arrêter le conflit, juraient tout de suite fidélité aux armes allemandes. Brusquement et brutalement s'éteignait tout esprit de générosité et d'humanité devant la machine de guerre formidable qu'avait dressée le pangermanisme.

Désormais nos ennemis, se croyant sûrs de la victoire et certains de l'impunité, se jetaient dans la lutte où ils espéraient satisfaire des désirs longtemps réprimés.

T.

PREMIÈRE PARTIE

LES GRANDS TRAVAUX DANS LA TACTIQUE MODERNE

La bataille de la Marne a été une bataille d'arrêt, l'endiguement définitif d'une puissance formidable que cinquante ans de préparation morale et matérielle avaient entretenue dans l'idée d'un succès rapide, de plus en plus possible.

Après ce désastre pour l'Allemagne, la guerre est devenue une guerre de siège en rase campagne. L'équilibre offensif était momentanément obtenu sur une partie du front occidental. La force vive de nos adversaires, exaltée par les résultats commerciaux et industriels du temps de paix, était en partie dépensée. Un immense mouvement débordant vers le nord se poursuivit alors, mais la direction même de la ligne d'arrêt sensiblement nord-sud montre que désormais, après quelques flottements, les troupes en présence se fixaient rapidement. Ce mouvement une fois arrêté, dans une ruée suprème sur Arras et l'Yser, les Allemands essayèrent encore la percée, car ils comptaient sur la réserve matérielle que leur donnait une industrie de premier ordre. Ce fut en vain! La puissance de résistance de nos soldats eut raison de l'ouragan déchaîné sur eux. L'ennemi ne put passer. Peu à peu l'immense feu d'artillerie qui s'était développé sur tout le front occidental diminua d'intensité.

L'importance de la pelle et de la pioche apparut alors nettement, et même dans les tranchées hâtivement construites l'infanterie se sentait à l'abri de la mousqueterie et protégée en partie contre l'artillerie de campagne ennemie. A cette époque, fin octobre 1914, les tranchées étaient, sur la plus grande partie du front, complètement isolées les unes des autres, faciles à repérer et à battre efficacement avec un nombre d'obus limité. L'artillerie de tranchées, les grenades à fusil firent alors leur apparition. Il ne fallut plus se contenter de tranchées isolées où la densité d'occupation était très grande, et qui, par conséquent, restaient très vulnérables; on dut étaler la défense et lui donner de la surface. La lutte contre la densité du feu amena, par un réflexe naturel du personnel ennemi, une occupation de moins en moins dense sur une même ligne et la création d'obstacles artificiels : réseaux de fils de fer, hérissons, etc... qui compensaient la diminution du nombre d'hommes en ligne. Puis la nécessité de faire des relèves à toute heure de jour et de nuit, de pouvoir évacuer les blessés aussitôt atteints, de ravitailler les troupes et de tenir les éléments en ligne, en liaison les uns avec les autres, amena la construction de lignes continues, de grands boyaux et de tous ces travaux qui allaient conduire à la conception de la tactique moderne. Le combat désormais, dans sa préparation, dans son exécution et dans son exploitation, fera intervenir constamment l'activité et la puissance de travail des troupes. Travail et combat seront donc maintenant corollaires l'un de l'autre.

Comme dans toute réalisation industrielle, la bataille actuelle demande avant tout de la vigueur, de l'énergie, sources de décisions rapides et aussi une organisation parfaite très maniable, sans rigidité, qui s'adapte presque instantanément aux formes infinies du secteur, aux faits et gestes de l'ennemi, inconnus à l'avance, et que des présomptions seules permettent de démasquer. Le secret de la victoire est non seulement dans le travail des divisions en ligne, mais aussi dans le labeur effectif et utile des états-majors, et non uniquement dans les rapports, les circulaires, les règlements, qui trop souvent servent à couvrir des caractères faibles et à éparpiller les responsabilités. Pour supprimer les comptes rendus, les appels à la voie hiérarchique pour décisions, les transmissions avec demandes d'avis, etc., etc., il faut la liaison intime entre tous les services. Une organisation n'est solide et durable qu'avec le travail. La tension de toutes les volontés doit se porter vers l'intérêt de la collectivité et le but suprême, par-dessus les convenances individuelles et personnelles.

Quelles conséquences peuvent avoir, dans le cataclysme actuel, des hésitations, des décisions incomplètes prises timidement! Chaque bataille exige des mois de préparation que tous doivent employer à un travail assidu et de tous les instants. A l'intérieur, des milliers d'hommes et de femmes, des milliers de chevaux-vapeur entrent journellement en action pour assurer la consommation des combattants. Le matériel est le résultat du travail de l'intérieur, le secteur, celui du travail des combattants. Contre l'accroissement incessant des canons et des munitions, on a opposé les secteurs, dont la surface défensive s'accroît parallèlement sans limites.

Quelle est l'organisation du travail au front? Quels en sont les résultats? Comment assure-t-on l'entretien et la sauvegarde des travaux exécutés? Quels en sont les moyens et les causes de destruction possible? La guerre de siège qui se déroule sur notre front va nous fournir tous les éléments d'étude pour répondre à ces questions.

Lorsque la guerre de mouvement fut terminée, les armées se trouvèrent fixées au sol, sans moyens d'action suffisants pour briser la résistance ennemie. Après une réorganisation nécessaire, nous essayâmes sur l'ensemble du front occidental la reprise de l'offensive. Les divisions avaient bien été recomplétées en personnel, mais les canons et les munitions manquaient. Ces tentatives d'attaques brusquées furent entreprises avec des conditions matérielles très insuffisantes et furent vaines. On dut y renoncer et l'on envisagea la préparation de l'offensive avec des moyens appropriés, des canons et des munitions.

Les armées étaient constituées de divisions en ligne et en réserve, qui jusque-là luttaient trop souvent poitrine contre matériel et voyaient le moral de leur personnel baisser rapidement avec des pertes qui n'apportaient pas de succès important.

L'attaque du 9 mai 1915, bien montée et menée avec des moyens d'action meilleurs et un personnel bien entraîné, conduisit à un beau succès, qui ne put être généralisé parce que l'offensive fut trop localisée. La préparation de cette attaque fut intéressante, parce qu'on sut mettre chacun à sa place et faire jouer un rôle approprié à chaque arme dans la préparation comme dans l'action.

II

DIVISION EN LIGNE

La division constitue sur tous les fronts la base unitaire de travail et de combat. Elle forme un tout et peut agir isolément. Ses divers services : infanterie, artillerie, génie, intendance, trésor et postes, santé, relèvent du général de division. Lorsqu'une division entre en ligne et prend un secteur, elle fait presque toujours partie d'un corps d'armée dont elle reçoit les directives d'exécution. Le corps d'armée dépend d'une armée rattachée elle-même à un groupe d'armées. L'ensemble des groupes d'armées reçoit son impulsion du grand quartier général.

Les projets d'exécution pour ce qui sera entrepris par la division en secteur partent des échelons supérieurs : les généraux et les états-majors en sont les ingénieurs, le général commandant la division est l'entrepreneur de ces travaux ainsi que l'exécutant de l'attaque. Les moyens d'action : matériel et matériaux nécessaires pour la bonne exécution de ces travaux, sont fournis par le ministère de la Guerre qui en assure la production à l'intérieur du pays ; le projet du général en chef doit évidemment leur être proportionné.

Un secteur de division est, suivant la nature des lieux, l'esprit de combativité des troupes, les projets des chefs, l'état d'avancement des travaux : offensif, défensif ou passif. Mais, quelle que soit sa désignation, dans tout secteur, une division exécute constamment des travaux ; dans beaucoup elle fait des coups de main, dans quelques-uns elle livre la bataille à l'ennemi comme à Verdun et dans la Somme. Travail et combat, telles sont donc les caractéristiques d'une division en ligne.

*
* *

Le travail joue un rôle prépondérant dans la guerre moderne. Or, tout travail se rattache à un programme d'ensemble et doit être précédé d'une mise en chantier. Quel est donc le plan d'ensemble d'organisation d'un secteur de division? En principe, il comprend trois positions bien distinctes les unes des autres et échelonnées en profondeur. Les distances sont calculées de telle sorte qu'en respectant la configuration du terrain, l'ennemi doive déplacer l'artillerie de campagne pour battre la deuxième position et l'artillerie lourde pour atteindre la troisième. Cette disposition permet d'avoir le temps de préparer en arrière d'autres positions en cas de repli devant l'ennemi.

La première position, qui vient au contact de l'ennemi, comprend en général trois lignes continues, réunies entre elles par des boyaux de communication. La première ligne est couverte par des sapes de 20 à 30 mètres de longueur lancées comme des antennes vers l'ennemi : elles sont les yeux de la défense. On les désigne sous le nom de postes d'écoute.

Les deux premières lignes, séparées par une centaine de mètres, s'appellent ligne de surveillance et ligne de résistance. La troisième, nommée ligne de contre-attaque, se trouve à une distance de 300 à 400 mètres de la deuxième. Les tranchées sont protégées par des réseaux de fils de fer barbelés plus ou moins épais ; elles contiennent des abris-cavernes à l'épreuve des obus de gros calibre.

En arrière de ces trois lignes, il existe le plus souvent une ligne de petits centres de résistance (ouvrages fermés) qui se flanquent mutuellement et permettent avec quelques mitrailleuses et des effectifs réduits, de contenir une attaque ennemie jusqu'à l'arrivée des renforts. C'est la ligne de soutien.

A ce schéma rapide de la première position s'ajoutent tous les boyaux qui assurent l'écoulement des eaux ou qui donnent accès aux postes de commandement, aux postes de secours, aux canons de tranchées, aux dépôts de munitions, etc. Toute cette organisation passive est très compliquée, elle est le camouflage du secteur, en ce sens qu'elle augmente la surface du terrain à battre par l'artillerie et met l'adversaire dans l'impossibilité de savoir où sont les forces vives de la défense. Or, dans l'incertitude, en cas d'offensive, l'ennemi doit battre systématiquement tous les travaux existants, d'où il résulte une dépense considérable d'obus. Ce sont ces organisations si complexes, poursuivies pendant de longs mois, qui donnent sur les photographies prises par les avions ces manières de labyrinthe, véritables places fortes, qui exigent une méthode d'attaque particulièrement soignée.

La première position terminée, et le plus souvent simultanément, on fait la construction des deuxième et troisième positions de défense. Celles-ci sont constituées de points d'appui : villages, châteaux, fermes, bois, etc... croisant leurs feux et organisés chacun en centre de résistance fermé. Là, une garnison décidée peut tenir plusieurs jours, même une fois complètement investie.

Chacun de ces centres comprend : des lignes de tranchées avec flanquements, des réseaux de fils de fer, des abris de mitrailleuses, des réduits. Entre deux centres, l'ennemi ne peut passer sans être arrêté par des réseaux de fils de fer judicieusement placés et battus par des mitrailleuses.

Cette exécution par chaque division demande une organisation et une méthode qui transforment l'état-major et ses troupes du génie en une sorte d'immense direction qui prévoit plusieurs jours à l'avance les travaux à exécuter, les troupes nécessaires calculées d'après les disponibilités, le matériel à approvisionner, autrement dit, qui assure les mises en chantier.

Combien toutes ces questions de travaux et d'approvisionnements de matériel semblèrent tout d'abord terre à terre! Beaucoup pourtant comprirent vite l'importance de ces moyens d'action. A quoi serviront en effet les plus beaux discours sur le patriotisme, si les troupes, admirablement préparées moralement, tombent, aussitôt le parapet franchi, sur des fils de fer impénétrables où elles seront impitoyablement fauchées par le feu des fusils et des mitrailleuses ennemis?

Apprécier la valeur des obstacles, l'inertie de la matière et en tenir compte est une des principales qualités du chef. Dans une division, des milliers de travailleurs sont journellement mis en action, le rendement donné sera d'autant plus important que tous les détails auront été prévus. Et quelle que soit l'importance d'un ouvrage : tranchée, boyau, réseau de fils de fer, abri-caverne, maçonnerie ou même plus simplement corvée, son exécution doit être précédée d'une mise en chantier. Celle-ci permet la concentration de tous les éléments du travail entre les mains d'un chef unique, qui l'organise de telle manière que son exécution se fasse sans arrêt et s'achève dans le minimum de temps avec le minimum de personnel. Pas de retard, pas d'à-coup si le but est bien défini et les moyens d'action proportionnés à l'ouvrage à faire. Le chef se rend compte, d'après l'ordre d'exécution, de la place exacte que prendra dans l'organisation d'ensemble le travail spécial qui lui est commandé. Il le divise en une série d'opérations de même nature pour lesquelles il constitue des équipes spéciales commandées par des gradés. Chaque série d'opérations est décomposée ensuite en mouvements simples confiés à des hommes, dont la compétence, l'apprentissage, la force physique, leur permettent de les bien faire rapidement. Dans cette répartition rien n'est oublié, car le manque d'une chose, même la plus simple, entrave tout à coup l'exécution d'un ouvrage dont la construction est en pleine activité. Prévoir jusqu'aux moindres détails est donc une condition nécessaire pour que tout se fasse bien au moment voulu et à l'endroit voulu.

Dans une mise en chantier bien réglée on doit faire fonctionner simultanément le plus d'équipes possible, tout en les coordonnant de telle sorte que le nombre d'outils, le matériel et les matériaux aient été prévus pour le personnel qu'on aura à sa disposition. Cette façon de procéder est souvent celle qui est adoptée, car en temps de guerre les travaux sont toujours demandés d'extrême urgence et la capacité des hommes au travail est beaucoup moindre qu'en temps de paix. La fatigue est en effet beaucoup plus grande, à l'effort physique s'ajoute un coefficient de danger qui entraîne une fatigue morale dont on doit tenir compte. Mais cette mise en œuvre simultanée pour un même ouvrage offre parfois d'assez grandes difficultés dont on doit tenir compte dans l'élaboration même du projet.

D'autre part, le travail imposé pendant un nombre d'heures déterminées, sans espoir de partir avant l'heure fatidique marquée, conduit les travailleurs à faire de la présence sur les chantiers et énerve leur amour-propre. Le travail à la tâche, au contraire, permet de favoriser les meilleurs soldats et de les exposer au danger le moins longtemps possible. Son application, dont les avantages sont universellement reconnus dans l'industrie, est d'ailleurs corollaire de la division du travail et de son exécution en séries. L'adaptation de ces conceptions entraîne très rapidement dans les secteurs la réduction du travail de nuit, sauf évidemment dans des cas spéciaux. Celui-ci est en effet d'un mauvais rendement pour des efforts beaucoup plus grands.

*
* *

Appliqués aux milliers de travailleurs d'une division, ces principes conduisent à l'exécution d'énormes travaux. Quel est donc, pour un observateur du terrain, l'aspect d'un secteur où règne une telle activité ? Apparemment, l'examen à la jumelle ne laisse qu'une impression de vide et de mort. De temps en temps une pelletée de terre glisse sur le parapet, une torpille ou une marmite soulève un gros nuage de poussière et de fumée; on dirait que l'activité humaine est anéantie. Cependant, dans le secteur, chacun accomplit sa tâche avec rapidité : les sapeurs, aidés par des auxiliaires d'infanterie, creusent des abris, en refont d'autres en sous-œuvre avec du béton armé; les mitrailleurs transportent des caisses de cartouches; des fantassins font une corvée de grenades et de sacs à terre; les téléphonistes déroulent leurs fils placés sur un tambour de tôle et les fixent sur les parois ou le fond des boyaux; ailleurs un colombophile apporte une cage à pigeons et va faire le lâcher de ceux qui se trouvent au poste de commandement. Plus loin, les artilleurs des crapouillots transportent du bois pour leurs abris, une corvée porte des sacs de sable, de ciment ou de cailloux. Comme dans un vaste chantier, tout paraît confondu, mais chacun a sa tâche et apporte sa part à la réalisation du programme.

Ce programme est en partie l'œuvre des chefs de bataillon secondés par le génie; ce sont eux qui font les mises en chantier. Quelle activité leur est nécessaire pour fixer, coordonner toutes choses pour que tout aille à souhait! Et aussi, quelle lucidité d'esprit leur faut-il pour surveiller tout et tous! Les chefs de bataillon doivent être jeunes et alertes, résolus à faire et à contrôler tout ce que la sécurité et la défense du secteur exigent, et cela même dans des moments où la lassitude physique et morale envahit tout le monde.

C'est encore une mise en œuvre que le chef de bataillon doit faire quand il prépare un coup de main ou une attaque.

Le coup de main est réalisé en général dans un but précis, soit pour détruire un ouvrage très gênant de l'adversaire, soit pour prendre un point particulièrement important, ou surtout pour faire quelques prisonniers et vérifier constamment l'ordre de la bataille. Il est très meurtrier s'il a été mal préparé; mais il réussit admirablement si tout a été bien mis au point. Il s'exécute par surprise et à une heure où l'obscurité ne permet pas à l'adversaire de voir très vite l'emplacement où s'effectue l'action, de manière qu'il ne puisse faire agir ses flanquements. Enfin le coup de main ne dure que quelques minutes.

Le combat est ramené à une série d'éléments simples, autrement dit de coups de main. Et, dans ce désordre formidable que paraît être la bataille, dans cette incohérence des éclatements d'obus, des tourbillons de fumée et de terre, chaque unité exécute l'attaque comme un travail, la tâche étant cette fois l'objectif à atteindre.

Cette conception amène à fixer pour l'assaut la tâche dévolue à chaque homme : le chemin qu'il aura à parcourir, le poids à porter (cartouches, grenades, vivres, etc.), la partie de tranchée ennemie à occuper, les armes, les outils à emporter, et permet de se rendre compte immédiatement si l'on demande à chacun ce qu'il peut faire. Le combat dure très peu de temps, et aussitôt après l'assaut effectué en quelques instants, le travail reprend avec activité.

*
* *

Dans le combat entre donc, pour une grande part, le travail, qui reste ainsi la fonction constante d'une division en ligne. C'est donc le labeur de tous, au front et dans les usines de l'intérieur, qui préparera la rupture du front ennemi.

III

DIVISION EN RÉSERVE

––––––

Le travail et le combat conduisent assez vite nos divisions à la fatigue et à l'épuisement. En ligne on s'use, on subit des pertes ; il faut des relèves. Oh ! avec quel plaisir on parle de la relève, avec quelle impatience elle est attendue ! Être en réserve ! Ce terme évoque dans les esprits des images assez confuses, mais il contient pour tous de mystérieuses ressources morales et physiques. Dans quelques jours ce sera le repos ; alors les reconnaissances d'officiers se multiplient dans le secteur ; il faut assurer la marche des travaux en cours, maintenir la valeur offensive ou défensive du secteur, passer toutes les consignes. Des troupes fraîches d'infanterie, d'artillerie, du génie arrivent et s'établissent solidement dans leurs nouvelles positions pendant que celles qui quittent le secteur cantonnent un jour ou deux à proximité de leur ancien front. Ce changement doit s'effectuer sans attirer l'attention de l'ennemi. Puis des camions automobiles emportent les hommes vers l'arrière. Pendant le parcours, les chefs de section et de groupe se déplacent tout le long du convoi pour indiquer la direction et assurer la police de la route. Quelques heures après, on arrive dans la région où les troupes vont être en réserve d'armée. Cette période de détente s'écoule de manière différente, suivant les unités, sans que le programme ait rien d'absolu. Elle comporte d'abord un repos complet, puis l'instruction et l'entraînement des hommes et des cadres jusqu'au nouveau départ pour une destination inconnue.

Quelle sera la durée du repos? Le soldat français, prime-sautier, n'y songe même pas; il demande à bien employer les précieuses journées qu'on lui laisse pour se délasser. Des distractions variées assurent le repos moral ; c'est d'abord le théâtre constitué très rudimentairement dans les unités mêmes et avec les éléments dont chacun dispose. Les musiques sont réorganisées, elles jouent parfois sur la place du village et attirent toutes les armes qui se confondent quelques instants dans une même joie. Des cinémas envoyés de l'arrière donnent des représentations qui ont un succès fou. Quelques conférences faites aux hommes rappellent les grands sacrifices déjà consentis et ceux qu'il faudra encore faire pour libérer le pays.

Des jeux et des amusements sont organisés. La souplesse, la vigueur, l'énergie, l'esprit d'initiative, sont tour à tour mis en action. Des séances de boxe développent l'amour-propre et le désir du triomphe. La course et le football augmentent l'agilité des membres qui s'étaient un peu figés dans la boue des tranchées. Les promenades au grand air réhabituent aux grands horizons, car les boyaux étroits sont comme des œillères limitant la vue. Sous l'action de ces exercices, le corps se transforme et reprend sa vigueur et son énergie, éléments nécessaires au succès des offensives futures.

On ne s'attache pas seulement à refaire chaque individu, on reconstitue aussi les unités incomplètes avec les renforts qui arrivent des dépôts. Des effets de rechange sont donnés à ceux qui ont les leurs en mauvais état. Quelques revues achèvent la transformation vers l'uniformité et la correction. Alors commence la période d'instruction et d'entraînement.

Dans l'infanterie, l'énergie acquise est dirigée vers le perfectionnement du tir (au fusil, au fusil-mitrailleur ou à la mitrailleuse), vers la marche, le jet de la grenade, complétée par le travail (exécution de tranchées, de boyaux, d'abris, de réseaux de fils de fer).

L'efficacité d'un tir bien réglé et bien commandé a une

grande action sur les hommes ; ils comprennent leur propre
valeur s'ils réunissent les qualités de tireur adroit et discipliné
et ils se rendent compte combien le feu par salves, presque
autant que la mitrailleuse, a une influence démoralisante sur l'assaillant le plus valeureux.

Cette instruction comporte également la liaison intime avec
les mitrailleurs, dont les engins sont un des organes essentiels
de la guerre actuelle. Quelle joie et quelle émotion lorsqu'une
section de mitrailleuses tape avec sûreté et régularité, passant
insensiblement et sans à-coup des vitesses lentes aux vitesses
accélérées et vice versa, comme si le pointeur suivait les soubre-
sauts d'un assaillant imaginaire.

Les exercices de tir alternent avec des marches de plus en
plus longues qui habituent les troupes à atteindre un but déterminé, à se plier à une discipline, à supporter la gêne du sac et
toutes les mille peines physiques et morales que comporte
l'obéissance à une règle. La traversée des villages se fait
musique en tête, et c'est un spectacle réconfortant pour les
habitants de voir la belle tenue et l'allure martiale avec laquelle
ces hommes, à peine retirés de la bataille, défilent au pas
cadencé, l'arme correctement placée.

Cette instruction générale laisse la place à des exercices spéciaux de jets de grenades. Dans la guerre de tranchées, la grenade est devenue une arme indispensable. Les combattants, par
équipes fortement encadrées d'officiers, s'exercent à lancer cet
engin avec précision dans la tranchée d'expérience, le plus loin
possible.

Ces principes s'appliquent à la partie active du combat, ils
doivent se compléter par le travail sans lequel tout soldat est
vite désarmé. Il faut apprendre aux hommes à manier la pelle et
la pioche, ils pourront ainsi creuser rapidement une tranchée,
construire un abri, qui les protégeront efficacement des balles
et des obus. Le combattant constate combien ces travaux augmentent sa sécurité et ses chances de conservation et il se rend

compte de la part qu'il prend dans la défense du secteur. Un semblable enseignement engendre la confiance et une plus grande valeur morale.

En faisant adopter aux cadres la méthode industrielle du travail en séries, organisé au mieux des compétences et des aptitudes de chacun, on assure le maximum de rendement et on développe cette force vive si nécessaire au moment de l'offensive ou d'une défensive violente.

Tout travail doit être précédé d'un « projet » dont le génie fournit habituellement les éléments à l'infanterie. La liaison des armes, si nécessaire, bien comprise par beaucoup d'officiers supérieurs, est développée dans la période de repos et d'instruction. L'infanterie apprend ainsi et voit ce que font le génie et l'artillerie, et souvent de ces fréquentations naissent des idées nouvelles et des conceptions heureuses.

Des fantassins sont détachés dans les écoles très variées du génie et en particulier aux écoutes et à la construction des abris. Aux écoutes, ils apprécient et apprennent à utiliser des appareils spéciaux dont la sensibilité permet de déceler le travail du mineur ennemi à une cinquantaine de mètres de distance. A la construction des abris, ils constatent que l'exécution de la fouille, le boisage et l'évacuation des déblais ne sont pas les seules difficultés; qu'il faut encore commander le matériel en temps voulu, le faire transporter et le répartir dans les différents chantiers, qu'il faut prévoir le personnel nécessaire et le munir d'outils spéciaux, etc., etc. Les difficultés varient suivant qu'il s'agit d'un travail de jour ou de nuit. L'exécution d'une tranchée exige une reconnaissance préalable, le piquetage avec des jalonnettes ou des points lumineux et le tracé à la tresse blanche. Ces opérations sont habituellement exécutées par le génie, qui, avec ses moniteurs, aide à la mise en chantier de l'infanterie.

Le génie complète cette période d'instruction par : de l'école d'encaissage, qui consiste à connaître tout ce que contiennent ses voitures techniques de manière que chacun puisse trouver l'objet qui lui est nécessaire ; de l'école de pontage avec navigation, ponts de bateaux, passerelles de toutes sortes, etc. ; de l'école de mines, qui comprend des pétardements et des travaux spéciaux de puits, de galeries, abris, etc.

Tandis que les exercices d'instruction se poursuivent encore, le déplacement de la division est réclamée d'urgence. L'ordre d'embarquement dirige les troupes sur plusieurs gares. Un officier va faire la reconnaissance du train, s'assure de l'heure à laquelle le convoi sera prêt. Le commandant donne des ordres relatifs aux vivres et aux fourrages, à la composition de la garde de police, au nombre d'équipes pour l'embarquement des voitures, etc. A l'heure fixée, le train est mis en place et l'embarquement des hommes, des chevaux et des voitures, se fait simultanément sur deux voies. La nuit est complète à ce moment, et c'est à la lueur de lampes puissantes que les manœuvres se poursuivent. Le long des routes, on devine la longue file des voitures et des colonnes aux lanternes, aux étincelles des briquets, aux points lumineux des cigarettes, car ce train sera suivi d'un autre, et déjà les troupes qui doivent y prendre place arrivent aux abords de la gare.

A l'intérieur règne une activité fébrile, des ombres chinoises se déplacent en tous sens devant les jets lumineux et bruyants des lampes à huile lourde. Les chevaux montent dans les wagons au moyen d'une rampe formée de deux longrines recouverte d'un plancher en bois et munie de chaque côté d'une main courante qui empêche l'animal de faire un pas dans le vide. Cet appareil, installé sur roues, est amené devant chaque fourgon. Le conducteur, la bride à la main, accompagne le cheval qui s'engage sur la rampe dont il martèle le plancher à coups de sabot. Affolée par le bruit, la bête s'agite, avance, recule, rue, mais enfin se calme et se laisse attacher, la tête vers le milieu du wagon, la croupe contre la paroi du fond.

Les voitures destinées au transport de la troupe sont aménagées pour recevoir, suivant le type, 32, 36 ou 40 hommes; des bancs sont disposés suivant l'axe longitudinal, deux au milieu et deux contre les parois latérales; une allée reste libre entre les deux portes. Les fusils et les sacs sont placés aux extrémités. Silencieux, les hommes groupés devant chaque wagon attendent l'ordre de monter; au signal donné, ils prennent place face à face sur les bancs.

Un peu plus loin, sous hall, sur quais et rampes mobiles, trois équipes chargent les voitures sur les trucs, opération la plus délicate et la plus longue. Ici, un lourd fourgon à quatre roues est amené au milieu de la rampe mobile, constituée de deux longrines en fer à double T et de madriers maintenus sur les longrines par des T mobiles. La voiture engagée, l'arrière en avant, paraît suspendue dans l'espace; de chaque côté des roues un homme déplace une cale à manche au fur et à mesure de l'avancement du véhicule. Celui-ci est hissé sur le truc à l'aide de la poulie de chargement fixée à un essieu, puis disposé suivant l'axe longitudinal du wagon, l'avant vers le milieu. Cette mise en place est plus ou moins difficile selon que le véhicule est à tournant complet ou limité.

Eu un autre point, l'embarquement à quai d'une voiture avec de petits ponts volants se fait avec facilité; on veille à bien répartir le poids sur le truc. L'embarquement de deux wagons consécutifs est assuré de manière à ne pas s'entre-choquer. Enfin, on consolide, on brêle, on amarre les voitures en interposant des bouchons de paille; on cloue les cales des roues sur le plancher du truc. Tout cela s'exécute avec une activité si intense, au milieu d'un brouhaha tel, qu'un profane croirait assister à une opération désordonnée, et serait tout étonné de voir qu'une heure et demie a suffi pour charger ce train de cinquante wagons. Enfin tout est en place; les hommes se casent et s'endorment, les chevaux cessent de s'ébrouer bruyamment; une dernière inspection des employés de gare, un coup de sifflet et le train s'ébranle et emporte à allure modérée, régulière, hommes et matériel. Après ce départ, un train vide manœuvre et vient se mettre à son tour en chargement. Et ainsi, sans à-coup, se fait, par exemple, le transport des nombreuses divisions qui allèrent à Verdun pour arrêter la marche de l'ennemi.

Une division reposée, entraînée, mieux instruite parera ici avec succès à une attaque brusquée; là, elle relèvera une division fatiguée et permettra de conserver dans le secteur la même profondeur et la même valeur défensive; enfin, ailleurs, elle s'ajoutera à d'autres divisions semblables en vue d'une offensive de grande envergure.

De toute manière, dès que la division reprend la défense d'une position, elle est de nouveau en ligne ou en secteur, où après la période de repos son rendement dépend des moyens d'action qui seront mis à sa disposition.

IV

MOYENS D'ACTION

Le personnel en ligne exige des moyens d'action de toutes
sortes. Sa subsistance, l'organisation des secteurs et la préparation au combat nécessitent des moyens matériels, que l'arrière
seul peut fournir complètement.

On distingue deux zones différentes : la zone de l'intérieur
organisée pour la production ou le ravitaillement par l'étranger de
tout ce qui est nécessaire aux armées, et la zone des armées où
chaque armée comprend plusieurs divisions en ligne ou en réserve.
La limite entre ces deux zones est fixée par le ministre de la
Guerre. La direction de l'arrière ou D. A., placée à côté et sous
l'autorité immédiate du commandant en chef, reçoit les demandes
des armées et, d'après les ressources de l'intérieur, fait une
répartition. La D. A. est l'organe de liaison entre la zone de l'intérieur et la zone des armées. Elle assure les relations et les
échanges entre les armées en campagne et le territoire national,
les ravitaillements de toute nature. Elle fait les évacuations de
tout ce qui est inutile dans la zone des armées. Elle organise le
service sur les lignes de communication. L'action des services
de l'arrière s'étend sur tout le territoire de la zone des armées,
située en arrière des troupes d'opérations et dit zone de l'arrière.

Le directeur de l'arrière a dans ses attributions la direction
des chemins de fer aux armées (D. C. F.) (¹) et la direction des

---

(1) Cette direction s'est modifiée aujourd'hui comme attribution et fonctionnement.
Elle s'appelle (D. T. M. A.) direction des transports militaires aux armées.

étapes (D. E.), qui sont les deux grandes divisions de la direction de l'arrière.

Les lignes de communication s'étendent sur les deux zones de l'intérieur et des armées pour relier ces dernières au territoire national. Elles sont constituées par des voies ferrées, prolongées au besoin par des routes d'étapes et éventuellement par des voies navigables.

Sur la ligne de communication par voie ferrée d'une armée on rencontre, allant de l'arrière vers l'avant :

Une gare de rassemblement par région de corps d'armée ;

Des stations-magasins, des arsenaux, des centres de fabrication de pain ;

La gare régulatrice (G. R.) de l'armée par laquelle tout passe pour recevoir sa destination définitive ;

Les gares de ravitaillement (G. Rav.) qui sont les terminus du transport en chemin de fer, les points de contact avec les équipages d'une division, d'un ou de plusieurs corps d'armée.

Si la ligne de chemin de fer n'arrive pas à proximité suffisante des troupes, elle est prolongée par une ligne d'étapes. La gare de ravitaillement s'appelle alors gare origine d'étapes (G. O. E.), et l'on s'achemine par les gîtes d'étapes jusqu'à la tête d'étapes (T. E.) où le personnel des étapes prend contact avec les services des divisions ou corps d'armée et peut leur délivrer, en particulier, le matériel dont ils ont besoin et qui leur a été attribué après répartition.

Les évacuations se font par les mêmes lignes de communication que le ravitaillement. La ligne d'évacuation comprend des gares d'évacuation pour les évacuations importantes de malades et des blessés, des infirmeries de gare pour l'alimentation des hommes évacués et les soins médicaux urgents, enfin des gares de répartition d'où les évacués sont répartis dans les régions d'hospitalisation. Les lignes de communication servent donc aux transports de tous les moyens d'action nécessaires aux armées et aux évacuations de tout ce qui ne leur est plus utile. Il y a lieu

de distinguer les transports sur le réseau de l'intérieur et dans
la zone des armées.

Sur chaque grand réseau de l'intérieur le chef d'État-major
général de l'armée assure par les soins et sous la responsabilité
d'une commission de réseau l'exécution des transports ordonnés
par le ministre. Des commissions de gare, installées dans certaines gares, sont intermédiaires obligés entre les troupes de
passage qui s'embarquent et qui débarquent et les agents de
chemins de fer. Chaque commission comprend un membre militaire et un technicien. Le commissaire militaire est commandant
d'armes de sa gare; il fait respecter les consignes par toutes
les troupes de passage.

Sur le réseau des armées, le directeur des chemins de fer
dirige le service des chemins de fer dans la zone des armées
sous l'autorité supérieure du directeur de l'arrière, près duquel
il réside en principe. Il est assisté d'un ingénieur des chemins
de fer et d'un personnel militaire et technique. Il dispose de
troupes de chemins de fer, de sections de chemins de fer de
campagne et de sections techniques de télégraphie.

Les transports sont exécutés en premier lieu par une commission de réseau par compagnie pour les lignes dont l'exploitation reste confiée au personnel des compagnies nationales; les
stations où ce personnel cesse de fonctionner sont dites stations
de transition; en second lieu par une ou plusieurs commissions
des chemins de fer de campagne au delà de ces stations. En deçà
des stations de transition, les commissions de réseau, fonction-
nant sur le réseau des armées, disposent de sous-commissions de
réseau ayant les mêmes attributions que celles du réseau de l'intérieur, de commissions régulatrices et de commissions de gare.
Les commissions régulatrices (une par ligne de communication)
ont un réseau spécial d'exploitation. Elles se tiennent en communication avec la ou les armées que leurs lignes desservent, en reçoivent les demandes de transport de ravitaillements et d'évacuations,
assurent l'exploitation entre G. R. et G. Rav. ou G. O. E. Les

commissaires de gare ont les mêmes attributions que sur le réseau de l'intérieur. Au delà des stations de transition, chaque commission de chemins de fer de campagne comprend un officier supérieur d'état-major, président, un capitaine d'état-major, adjudant le remplaçant en cas d'absence, et un ingénieur des chemins de fer. Elle est constituée d'une ou plusieurs sections de chemins de fer de campagne.

Avec la direction des chemins de fer aux armées, le directeur de l'arrière a le service des étapes. Il exerce ses attributions sur une partie de la zone des armées, appelée zone des étapes. Il a à sa disposition des formations des divers services d'armée (convois administratifs, boulangeries de campagne, hôpitaux de campagne, trains sanitaires), des troupes d'étapes et du personnel d'exécution. En vue de l'occupation du territoire et du maintien de la liaison entre l'armée et l'intérieur, le directeur des étapes organise des commandants d'étapes, dont il détermine le siège, le territoire, le rôle, la composition en personnel et troupes.

Des modifications ont été apportées à l'organisation de l'arrière, au cours de la campagne. Primitivement il y avait une direction des étapes et services par armée. Aujourd'hui cet organisme a été supprimé et une direction des étapes, qui dépend du groupe d'armées, a été constituée. Les différents services sont désormais rattachés aux états-majors d'armée et forment le 4ᵉ bureau. La direction des étapes a toujours comme attributions la mise en œuvre et l'exploitation des ressources locales : ateliers, scieries, forêts, etc... et assure la répartition des produits ; elle n'a plus d'action sur le commissaire régulateur qui fait la liaison entre la D. A. et les armées et qui relève du général en chef.

L'état-major d'armée s'est donc enrichi d'un 4ᵉ bureau, qui s'occupe spécialement de tous les ravitaillements et des transports. C'est un organe très important dans la préparation des attaques d'aujourd'hui. Il est divisé en deux sections. La première s'occupe de tous les ravitaillements en munitions, armement, matériel et approvisionnement. Le grand parc d'artillerie (G. P. A.), le parc du génie (P. G. A.), le service des eaux, le service de santé et d'évacuation des blessés, y compris les hôpitaux d'évacuation (H. O. E.), sont rattachés à cette section. Le G. P. A. et le P. G. A. sont placés respectivement au point de vue technique sous l'autorité des commandants de l'artillerie et du génie de l'armée. La deuxième section assure les moyens de communication, la police de la circulation, les transports de troupes par automobiles, les transports de ravitaillement et d'évacuation entre les troupes et la voie ferrée normale ou de 1 mètre. Le chef du réseau de voie de 0ᵐ60, le service des routes, le service automobile avec leurs installations, dépendent de cette section. Cependant le service de la voie de 0ᵐ60 dépend du 4ᵉ bureau de l'armée pour tout ce qui concerne les transports à exécuter et relève du D. C. F. dans les conditions fixées par les instructions en vigueur en ce qui concerne l'exploitation proprement dite, les travaux et l'entretien du matériel.

Les armées ont deux sources de ravitaillement bien distinctes :

1° Les ressources locales de la zone de l'armée exploitées directement par l'armée et celles de la zone des étapes exploitées directement par la direction des étapes et réparties entre les armées par le groupe d'armées ;

2° Les ressources mises à leur disposition par le général en chef, qui connaît par la D. A. ce que fournit la zone de l'intérieur aux demandes faites.

L'organisation et l'entretien des secteurs, la préparation des grandes attaques exigent une grande quantité de matériel. Les travaux courants de secteur sont les réseaux de fils de fer, les revêtements, les banquettes de tir, les pare-éclats, les abris, les caillebotis. Une partie des matériaux nécessaires peuvent être trouvés sur place et il faut même tirer le rendement maximum de l'exploitation locale ; le reste vient de l'arrière par l'intermédiaire du 4ᵉ bureau de l'armée.

Les demandes de matériel et de matériaux adressées au 4ᵉ bureau se font à des époques déterminées. Elles comportent du fil de fer barbelé, des réseaux Brun, des piquets en bois et en fer, du fil de fer lisse, des hérissons, des châssis de galerie, des planches de ciel et de coffrage, des planches ordinaires, des voliges, des chevrons, des claies, des fascines, des gabions, des sacs à terre, des créneaux en bois, des rondins, des madriers, du ciment, du sable, des cailloux, etc... Certains de ces articles sont réclamés par milliers et même par millions, les sacs à terre par exemple.

Le 4ᵉ bureau assure le transport de ces matériaux jusqu'aux dépôts de division, d'où ils sont dirigés par voie de 0ᵐ60, ou par véhicule en un point de la première position le plus près possible du lieu d'emploi. Ils sont de là transportés à dos d'homme, parfois sur d'assez grandes distances. C'est une **des exigences** de la guerre actuelle la plus pénible pour nos troupes. Nous plaignions autrefois les noirs des colonies, qui transportaient sur les pistes africaines des charges assez considérables; que dire de ces vaillants combattants, qui doivent porter le long des boyaux boueux, dans l'obscurité bien souvent, des châssis de galerie lourds et aux arêtes vives. Ces corvées sont les plus redoutées de nos fantassins, et cependant elles sont indispensables et doivent être bien encadrées pour assurer l'arrivée de tout le matériel à pied d'œuvre.

Le bois constitue une grande partie du matériel transporté. Un secteur est en effet un véritable gouffre de bois. Comme les demandes faites à la D. A. sont loin d'être satisfaites, les armées cherchent depuis longtemps à tirer le rendement maximum en bois dans la région occupée. Les forêts voisines du front sont toutes exploitées par les armées. Avec les branchages on fait les claies, les fascines, les gabions qui sont utilisés pour les revêtements. Les grumes sont envoyées à l'aide de diables et de triqueballes aux scieries militaires, dans lesquelles ronflent tout le jour les scies circulaires et les scies à rubans. Les bois passent aux dégrumeuses, puis sont équarris et débités en plateaux transportables qui sont travaillés ensuite sur des bancs de scies plus petites et deviennent enfin des montants, des chapeaux et des semelles de galerie. Là le chêne, le hêtre, le frêne, gémissent sous les dents formidables qui les mordent au cœur en faisant jaillir un jet cotonneux de sciure fine.

Les madriers passent aux dédoubleuses, qui les découpent en feuillets réguliers et les transforment rapidement en planches et en voliges. Malgré cette exploitation intensive de la zone de l'armée, la production ne peut arriver à satisfaire la consommation. Des trains entiers arrivent des centres de l'intérieur et des ports.

Tous ces matériaux sont mis en œuvre par les divisions en ligne. Pour suppléer parfois à cette main-d'œuvre, il arrive que dans les deuxième et troisième positions on fait intervenir les engins mécaniques : marteaux perforateurs à air comprimé, perforatrices électriques, tapis roulants pour l'évacuation des déblais du fond des abris. Ces engins sont très pratiques et leur emploi s'est généralisé. Des abris profondément enterrés, à plusieurs entrées, peuvent être exécutés assez rapidement avec ces moyens mécaniques.

Un secteur de division absorbe des quantités considérables de matériel et de matériaux, et, suivant la discipline d'exécution des travaux, la réglementation d'emploi et tout ce qui est mis à la disposition des troupes, on dépensera dans des proportions très variables les crédits de la Défense nationale. Or, dans cette guerre qui s'est orientée vers l'usure financière, n'est-il pas de la plus haute importance de considérer ces questions comme capitales et de se faire un principe de discipline de l'emploi judicieux d'un morceau de bois quelconque au même titre que d'une cartouche ou d'un obus ?

V

RÉSULTATS DU TRAVAIL AU FRONT

Le travail de chaque division aboutit à la création d'un secteur qui peut être offensif, défensif ou passif. Le secteur se subdivise en sous-secteur, quartier, centre de résistance et point d'appui.

Tout secteur est d'abord défensif. L'élément essentiel qui le constitue, la tranchée, caractérise nettement l'arrêt offensif, la reprise d'haleine et même la cristallisation du front. De défensif, le secteur est devenu susceptible d'être transformé, ou bien en secteur offensif, ou bien en secteur passif, c'est-à-dire, dans ce dernier cas, que les obstacles naturels existants, renforcés pendant de longs mois par les travaux défensifs exécutés par les troupes d'occupation, l'ont rendu inexpugnable, sauf à une préparation formidable d'artillerie.

Un secteur est prêt à l'offensive lorsque les travaux, le matériel et le personnel ont été préparés à cet effet. L'expérience a prouvé que, si l'attaque suit immédiatement la période de préparation, toute surprise est supprimée, l'ennemi a pu prendre toute mesure préventive voulue.

L'idéal serait donc de généraliser les secteurs offensifs, et même d'arriver à rendre tous les fronts offensifs. Mais cette réalisation présenterait de grandes difficultés pour certains secteurs, qui, en raison de la configuration du terrain et des difficultés d'établissement des voies de communication, exigeraient des dépenses hors de proportion avec les résultats que l'on pourrait escompter.

Un secteur peut être considéré comme vraiment offensif lorsqu'on peut attaquer à l'insu de l'ennemi, et lorsque la préparation d'artillerie peut être assez soudaine et assez rapide pour ne pas permettre à l'adversaire de se ressaisir.

En dehors des conditions étudiées dans un chapitre suivant, un secteur offensif exige des organisations d'armée : camps de concentration, hôpitaux d'évacuation, voies de communication, gares de ravitaillement, emplacements d'artillerie lourde, centres d'escadrilles, dépôts de munitions, lignes téléphoniques, etc., dont la construction demande plusieurs semaines et nécessite des dépenses de matériaux et de main-d'œuvre considérables. La soudaineté de l'attaque exigerait que l'entreprise des secteurs offensifs soit faite à l'avance sur tout le front. Mais les éléments du combat varient à chaque instant et les conditions de la victoire ne peuvent pas être renfermées dans une conception rigide. Il faut des moyens d'action, il faut des chefs compétents et de valeur qui obtiennent le maximum de résultats avec le minimum de pertes.

Nous avons eu pendant ces trois années de guerre de beaux succès, ne mettons donc pas la fin de la guerre dans une formule, mais fions-nous aux chefs qui ont fait leur preuve, et donnons-leur ce qu'ils demandent.

VI

SECTEUR DÉFENSIF

———

Tous les secteurs, sur tous les fronts, sont défensifs. Nous avons vu qu'un secteur est composé de positions successives, échelonnées en profondeur. Chaque position comprend : des tranchées, des boyaux, des réseaux de fils de fer, des points d'appui, organisés en centres de résistance fermés.

Les points d'appui jouent un grand rôle dans la guerre de tranchées. Les communiqués de la bataille d'Artois en mai, juin et juillet 1915 donnaient fréquemment des noms dont l'application à une position fortifiée paraît confuse : le Labyrinthe (*fig. 1*), le Fond de Buval. Ces mots, lus journellement dans les comptes rendus officiels de cette époque, désignaient des forteresses au même titre que Carency, Ablain-Saint-Nazaire, Neuville-Saint-Vaast et ne restaient pas cependant sans mystère dans l'imagination populaire, qui prenait le Labyrinthe pour quelque repaire aux moyens de défense formidables, ce qui était exact, mais spéciaux et inconnus dans l'organisation commune des points d'appui, ce qui ne l'était plus.

En effet, l'idée des secteurs accolés les uns aux autres d'un bout à l'autre du front a remplacé celle des points d'appui se flanquant mutuellement dans leurs intervalles et constitués essentiellement de bases naturelles (village, bois, château, chemin creux, etc.). Un secteur s'applique au terrain suivant les exigences de la bataille, et la valeur de la base lui donnera simplement une valeur défensive immédiate plus ou moins grande.

Les Allemands étaient arrivés dans les premiers jours
d'octobre devant Arras. Après de nombreux assauts malheureux
et des tentatives qui durèrent environ trois semaines et restèrent

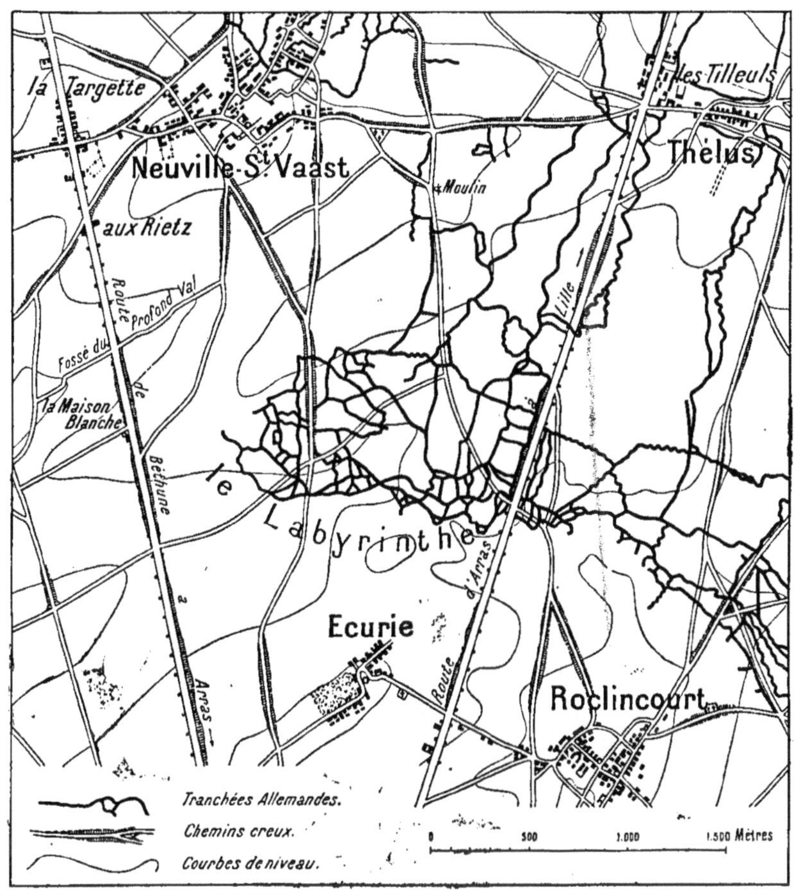

FIG. 1 — LE « LABYRINTHE »

D'après une photographie prise en aéroplane, le 27 mai 1915.

vaines, leur état-major renonça enfin à percer nos lignes. Dans
la rage de leur impuissance et de leur échec, la ville fut bombardée d'une manière furieuse; son beffroi fut déchiqueté, ses
plus beaux quartiers incendiés; mais ses trottoirs restèrent
inviolés par la botte prussienne.

Nos ennemis s'organisèrent alors sur leurs positions. Accrochés tout d'abord au terrain dans des tranchées hâtivement établies, ils les améliorèrent, les doublèrent, les relièrent entre elles et, à l'arrière, créèrent des communications défilées ; puis ils amoncelèrent, devant les parapets, des défenses accessoires de toutes sortes, et enfin installèrent des postes et des abris à l'épreuve des obus de gros calibre.

L'organisation des tranchées allemandes au nord d'Arras fut à peu près la même partout et les dispositions prises par nos adversaires furent à peu près les mêmes que chez nous. La plupart des détails techniques d'exécution qui suivent restentencore vrais aujourd'hui.

Le tracé de leurs tranchées comprenait des parties droites de 8 à 10 mètres, coupées de pare-éclats ménagés dans le terrain ou constitués, après ouverture de la tranchée, avec des

FIG. 2 — POSTE DE VIGIE

En haut, bouclier en acier chromé avec petite fenêtre de tir et d'observation ;
en bas, abri individuel avec pare-éclats fait de sacs de terre.

sacs à terre. Ces parc-éclats localisaient les dégâts causés par l'artillerie et permettaient, dans le cas d'attaque heureuse de l'infanterie adverse, de faciliter la tâche des défenseurs, qui,

ainsi, pouvaient rapidement établir un barrage à l'abri d'un
pare-éclats. Dans ce but, les pare-éclats étaient fréquemment
traversés de meurtrières, qui enfilaient la partie de tranchée
située entre deux pare-éclats et qui permettaient de réduire
rapidement les assaillants.

Le parapet comprend une banquette de tir dont la hauteur
permet au soldat de regarder et de tirer par son créneau. Les
veilleurs avaient même des abris établis directement sur cette
banquette; ils étaient constitués d'épaulements latéraux en sacs
à terre qui formaient chacun un pilier sur lequel reposait un toit
en rondins recouverts de sacs à terre. Du côté du champ de tir,
ce toit s'appuyait sur le parapet et se confondait avec lui (*fig. 2*).
De cette manière, le guetteur était à l'abri des intempéries et des
éclats d'obus de petit calibre. Des cré-
neaux en bois, entourés de sacs à terre,
étaient placés dans le parapet tous les
2 mètres environ. Les Allemands utilisaient beaucoup aussi les boucliers individuels en acier chromé (*fig. 3*).

FIG. 3 — SAC A TERRE ET BOU-
CLIER INDIVIDUEL EN TÔLE
D'ACIER DE 7ᵐᵐ AVEC UN TROU
DE TIREUR A OBTURATEUR A
PIVOT.

Les parois de la tranchée et de la
banquette de tir étaient maintenues avec
des sacs à terre, rarement avec des
clayonnages. La banquette de tir était encastrée dans le parapet
de manière à permettre le passage, en arrière à un niveau inférieur, des corvées ou des relèves.

Les tranchées et les boyaux allemands étaient très étroits et
il était presque impossible de s'y croiser (*fig. 4*). Le fond était,
dans la plupart des cas, recouvert de caillebotis (panneaux à claire-
voie de 40 centimètres de largeur et de 1 mètre de longueur)
fixés au sol à l'aide de piquets et de planches. De distance en
distance étaient ménagés, en dessous des caillebotis, des puisards pour recueillir l'eau qu'on évacuait ensuite à l'aide de
petites pompes à main.

Dans les villages, les tranchées offraient quelques particula-

rités. Elles étaient parfois creusées au pied d'un mur dans lequel
étaient ménagés des créneaux (*fig. 5*). A 3oo ou 4oo mètres de
distance rien ne permettait de les découvrir. Il n'était pas toujours possible, pour des raisons très diverses (présence de l'eau,

chaussée empierrée, etc.), de creuser une tranchée dans le sol :
dans ce cas, nos ennemis constituaient le parapet en sacs à terre
et y disposaient un ou plusieurs étages de feux.

Les champs de tir battus par les tranchées allemandes, dans
le cas où les tranchées françaises étaient très rapprochées (une
centaine de mètres environ), étaient garnis de défenses acces-

FIG. 5 — BOYAU DE COMMUNICATION SOUS ABLAIN-SAINT-NAZAIRE (A GAUCHE); MAISON ORGANISÉE AVEC CRÉNEAU
POUR MITRAILLEUSE (A DROITE)

soires les plus variées placées à une vingtaine de mètres en avant du parapet. Les chevaux de frise les plus communément employés par les Allemands étaient des chevalets en bois rond de 5 à 8 centimètres de diamètre. L'armature était parfois cons-

FIG. 6 — FEUILLARD D'ACIER SUR PIEUX EN FER POUR RÉSEAUX

tituée avec des barres de fer. Ces chevalets étaient garnis de fil de fer barbelé ou de feuillard découpé en dents de scie et fixé solidement à chaque extrémité (*fig. 6*). L'action des cisailles était presque nulle dans les conditions de surprise et d'obscurité dans lesquelles il fallait les employer contre ces défenses, d'autant plus qu'en avant se trouvaient répandues sur le sol des chausse-trapes qui interdi-saient l'accès des réseaux de fils de fer. La chausse-trape est un assemblage de quatre pointes de fer; jetée simplement sur le terrain, elle est destinée à enferrer les hommes et les chevaux. Quelle que soit sa position de chute, elle repose sur trois pointes, la qua-trième étant toujours verticale (*fig. 7*). Les chevaux de frise

FIG. 7 — CHAUSSE-TRAPES FAITES D'UN SIMPLE MORCEAU DE FER DÉCOUPÉ A L'EMPORTE-PIÈCE ET DONT LES BRANCHES SONT REPLIÉES DE TELLE FAÇON QUE, JETÉES A TERRE, ELLES PRÉSENTENT TOUJOURS VERTICALEMENT UNE DE LEURS POINTES.

avaient 1 mètre à 1^{m}3o de hauteur, 2 mètres de longueur et 8o cen-timètres de largeur (*fig. 8*). Ils étaient très encombrants et très lourds, difficiles à mettre en place; mais, une fois reliés entre eux, ils offraient une défense de premier ordre, surtout lorsqu'ils

étaient placés sur plusieurs rangs. Pour faire une brèche dans un
semblable réseau, il fallait la mine ou le tir d'artillerie.

FIG. 8 — GUETTEUR ALLEMAND DANS UNE NICHE COUVERTE, MÉNAGÉE DANS LE PARAPET
DE LA TRANCHÉE

Les Allemands utilisaient également, enchevêtré dans les chevaux de frise, leur réseau extensible, qui est une modification de
notre réseau Brun (*fig. 9*).

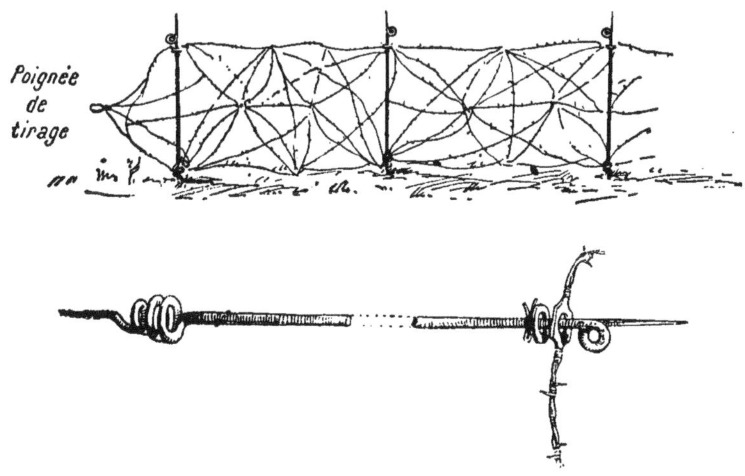

FIG. 9 ET 10 — RÉSEAU EXTENSIBLE AVEC MONTANT D'UN MÈTRE DE HAUTEUR
SE VRILLANT DANS LE SOL

Les défenses accessoires que nous venons de décrire étaient
placées devant les tranchées qui se trouvaient à de faibles distances des nôtres. Elles pouvaient être en partie constituées dans

la tranchée et exigeaient pour la mise en place sur le terrain peu d'hommes exposés à notre feu d'infanterie.

Les tranchées situées à 400 ou 500 mètres de nos lignes étaient protégées par le réseau ordinaire avec piquets en bois ou en fer (*fig. 10*), reliés par un enchevêtrement inextricable de fil de fer barbelé.

Toutes ces défenses, établies d'une manière continue et sur des profondeurs de 10 à 15 mètres, interdisaient complètement l'attaque des tranchées par surprise. Grâce à cette sécurité, il suffisait de laisser des guetteurs dans la tranchée, et la plupart des hommes se reposaient dans des abris à l'épreuve du bombardement. L'accès de ces abris allemands se faisait soit par un rameau en escalier, soit par un puits (*fig. 11, 12 et 13*). Ils étaient

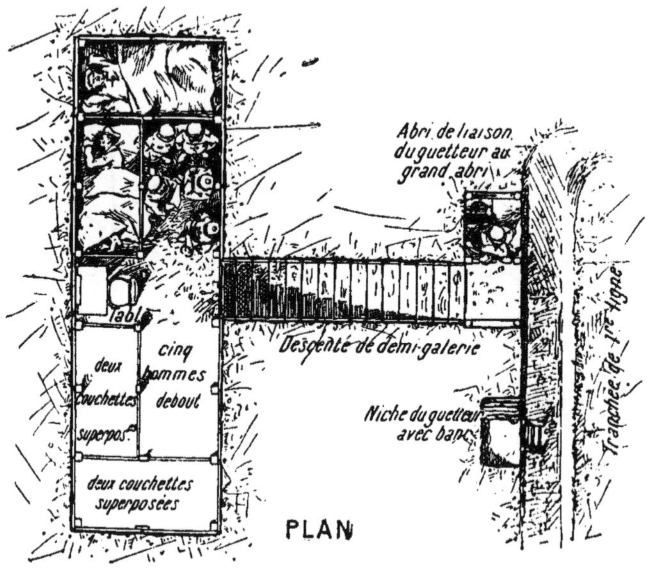

FIG. 11. — TYPE D'ABRI ALLEMAND EN PREMIÈRE LIGNE, AVEC ACCÈS
PAR UNE DEMI-GALERIE EN ESCALIER

très confortables, mesuraient 10 mètres de longueur, 2 mètres de largeur et 1m80 de hauteur. Ils étaient coffrés avec des madriers jointifs de 8 centimètres d'épaisseur et couverts de 5 à

6 mètres de terre. Ce type d'abri avec ces dimensions n'était d'ailleurs pas unique et la forme et les dimensions adoptées par nos ennemis dépendaient beaucoup de la configuration du terrain et de la nature du sous-sol.

Les Allemands n'ont pas fait ces travaux énormes, tranchées avec leurs défenses accessoires et abris, sans accroc, et des flottements nombreux se sont produits dans

FIG. 12 — DEUXIÈME GENRE D'ABRI ALLEMAND, MOINS FRÉQUENT, AVEC ACCÈS PAR UN PUITS

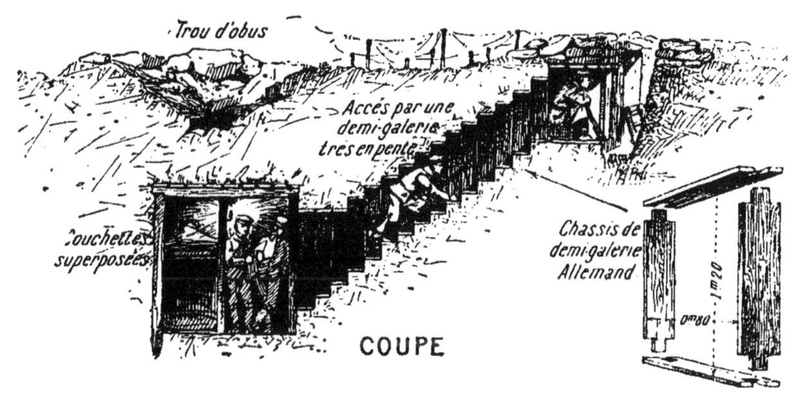

Type d'abri Allemand en première ligne.
(à l'épreuve du bombardement)

FIG. 13

leurs lignes par suite de coups de main heureux de notre part, au cours de l'hiver et du printemps 1915.

Au nord d'Arras, le secteur Notre-Dame-de-Lorette–Ablain-Saint-Nazaire tenait à cœur aux Allemands (*fig. 15*). Il s'appuyait au sud à un point d'appui fortement organisé, Ablain-Saint-Nazaire, et au nord au Fond de Buval, qui fut complètement

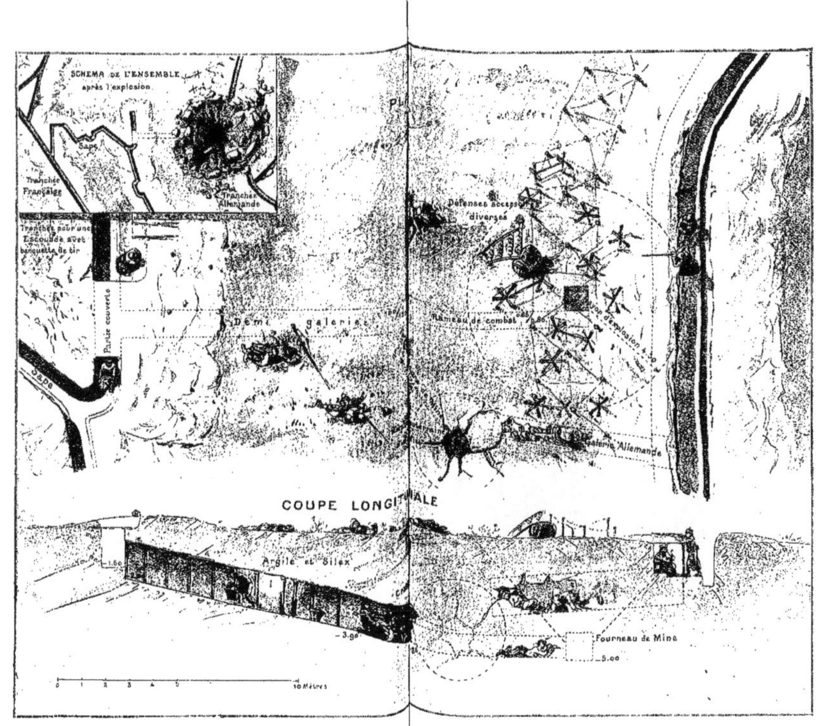

FIG. 14 — SCHÉMA EN PLAN COUPE D'UN TRAVAIL DE MINE

créé comme position avec les moyens et les dispositions exposés plus haut.

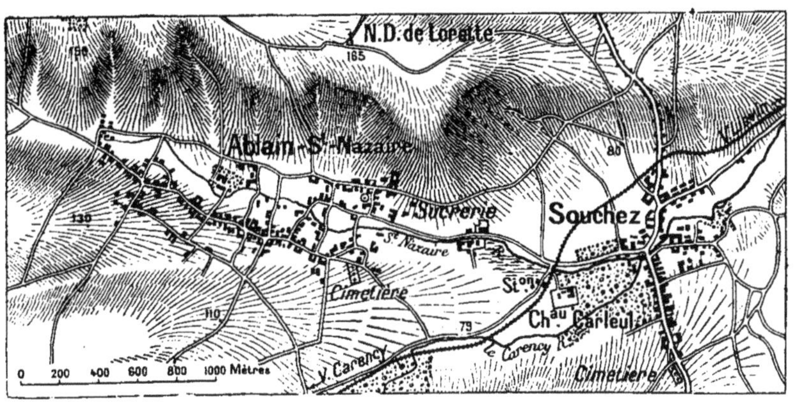

FIG. 15 — PLAN D'ENSEMBLE D'ABLAIN-SAINT-NAZAIRE ET SOUCHEZ

Le signe ⊙ marque l'emplacement des églises.

Le Fond de Buval (*fig. 16*), dont il fut si souvent question dans les communiqués, comprenait plusieurs lignes de tranchées successives, reliées entre elles et à l'arrière par des boyaux de communication. On aperçoit sur le plan, face à l'ouest, des sapes conduisant aux postes d'écoute, et dans l'intérieur du réseau compliqué de tranchées, des culs-de-sac qui conduisent aux abris, aux postes de commandement, aux dépôts de munitions, aux feuillées, etc. Ce point d'appui fut donc uniquement l'œuvre des occupants, qui ne trouvèrent aucune facilité naturelle d'organisation.

A Ablain-Saint-Nazaire, au contraire (*fig. 17*), les Allemands avaient une position, précaire naturellement, dont ils firent un modèle de point d'appui défensif. Ce village tout en longueur se développe le long de la route Gouy—Souchez. Il est dominé par les divers éperons du massif de Notre-Dame-de-Lorette, d'où l'on pouvait voir tout ce qui se passait dans la localité. En particulier l'éperon Mathis et l'éperon des Arabes avaient des vues plongeantes sur la première ligne ennemie et sur les boyaux qui y accédaient.

De jour nos fantassins tenaient même sous le feu de leurs fusils certaines tranchées et certains boyaux. En dehors de cet inconvénient

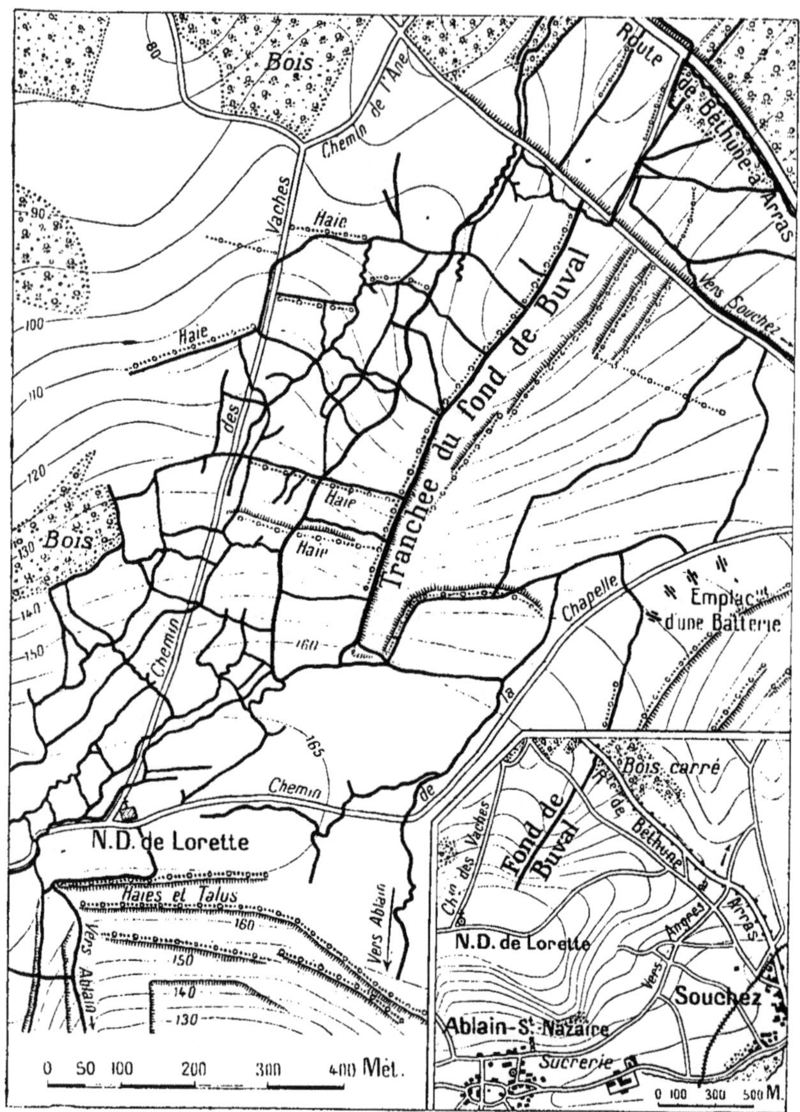

Région du fond de Buval (N.E. de Lorette).

Tranchées et boyaux Allemands avant notre offensive de mai

FIG. 16

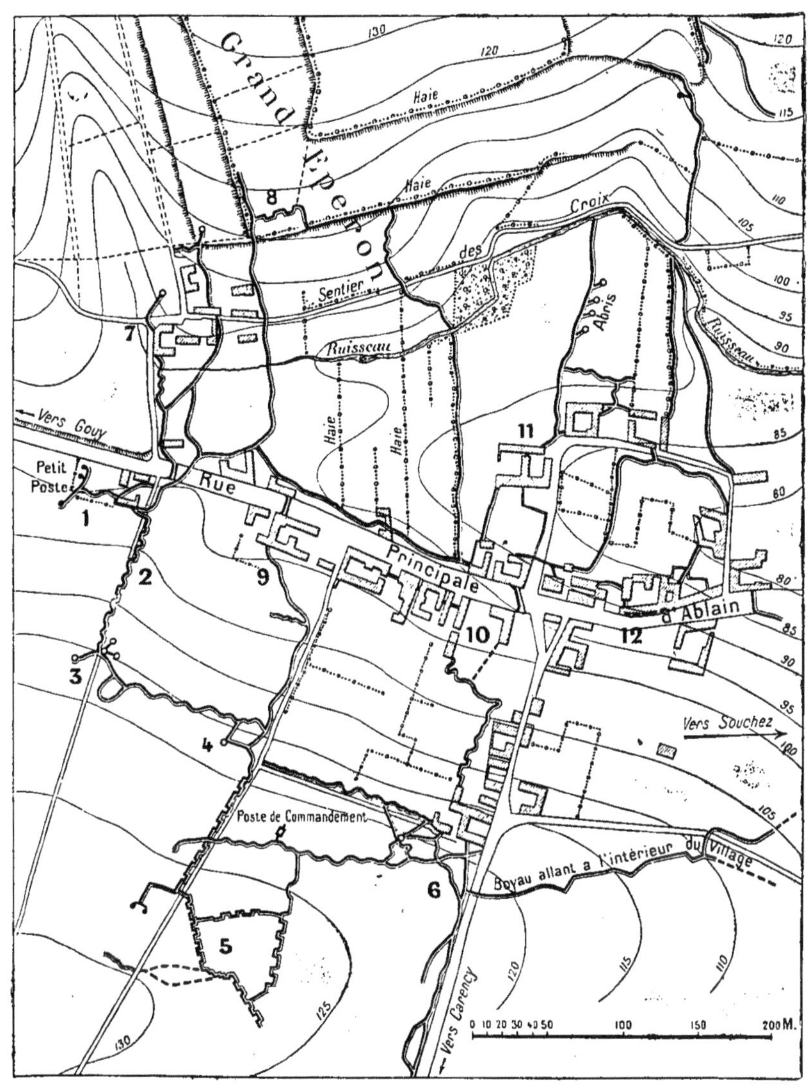

FIG. 17 — L'ORGANISATION ALLEMANDE D'ABLAIN-SAINT-NAZAIRE

1 Saillant, lisières de jardins formant flanquement (partie ouest), barricade sur route, groupe de maisons organisées. — **2** Tranchée de tir avec pare-éclats. — **3, 4** Bastions avec abris de mitrailleuses. — **5** Organe de flanquement, bastion. — **6** Tranchées, boyaux et chemin creux (allant vers Carency) fortement organisés. — **7** Maisons organisées, barricade. — **8** Tranchée flanquant la partie ouest du Grand Éperon. — **9** Communication organisée pour le tir. — **10** Groupe de maisons fortement organisées. — **11, 12** Maisons organisées en deuxième ligne.

particulier, qu'offrait pour les Allemands notre occupation du massif de Lorette, il en existait un autre de plus grande importance. Des observatoires établis sur cette colline, on apercevait Lens et à la jumelle on pouvait même lire l'heure au clocher de la cathédrale. Ce sont ces raisons de premier ordre qui expliquent l'acharnement de nos adversaires à prendre pied dans le bois de Bouvigny. Tous ces efforts meurtriers furent faits en pure perte. La partie ouest du village d'Ablain-Saint-Nazaire était entourée d'une ligne de surveillance fortement organisée. Des lignes successives étaient chargées d'assurer la défense pied à pied du village. Des boyaux de communication s'enfonçaient dans l'intérieur de la localité : dominée par l'éperon Mathis, les Allemands ne pouvaient pas circuler librement de jour. Rapidement nos ennemis établirent de puissants portiques qui dérobèrent leurs mouvements à notre vue et les protégèrent contre nos balles. Le secteur d'Ablain-Saint-Nazaire était très soigné et bien tenu. L'organisation des tranchées et des boyaux, des abris, répond à ce que nous avons déjà étudié. La plupart des maisons intéressantes par le champ de tir qu'elles pouvaient battre, étaient transformées en réduits. Celle dont nous donnons la description (*fig. 18*) était, à notre avis, la mieux organisée parce que c'est elle qui avait l'importance tactique la plus considérable. Placée en deuxième ligne elle interdisait la descente des éperons et la progression dans le vallon entre le ruisseau et la route Gouy — Ablain-Saint-Nazaire. Un réseau fixe de fil de fer barbelé entourait le bâtiment dont l'orientation était est-ouest. Au nord se trouvait un petit jardin limité par un mur en maçonnerie; au sud, il y avait une cour communiquant avec la rue principale par une grande porte voûtée. Le mur d'enceinte du jardin avait un pan coupé et se raccordait avec le mur de la maison. Une tranchée était placée contre le mur face au nord avec créneaux percés au travers de la maçonnerie pour tireurs individuels. Dans le pan coupé un abri de mitrailleuse protégé par un ciel en sacs à terre maintenu avec un boisage, battait à

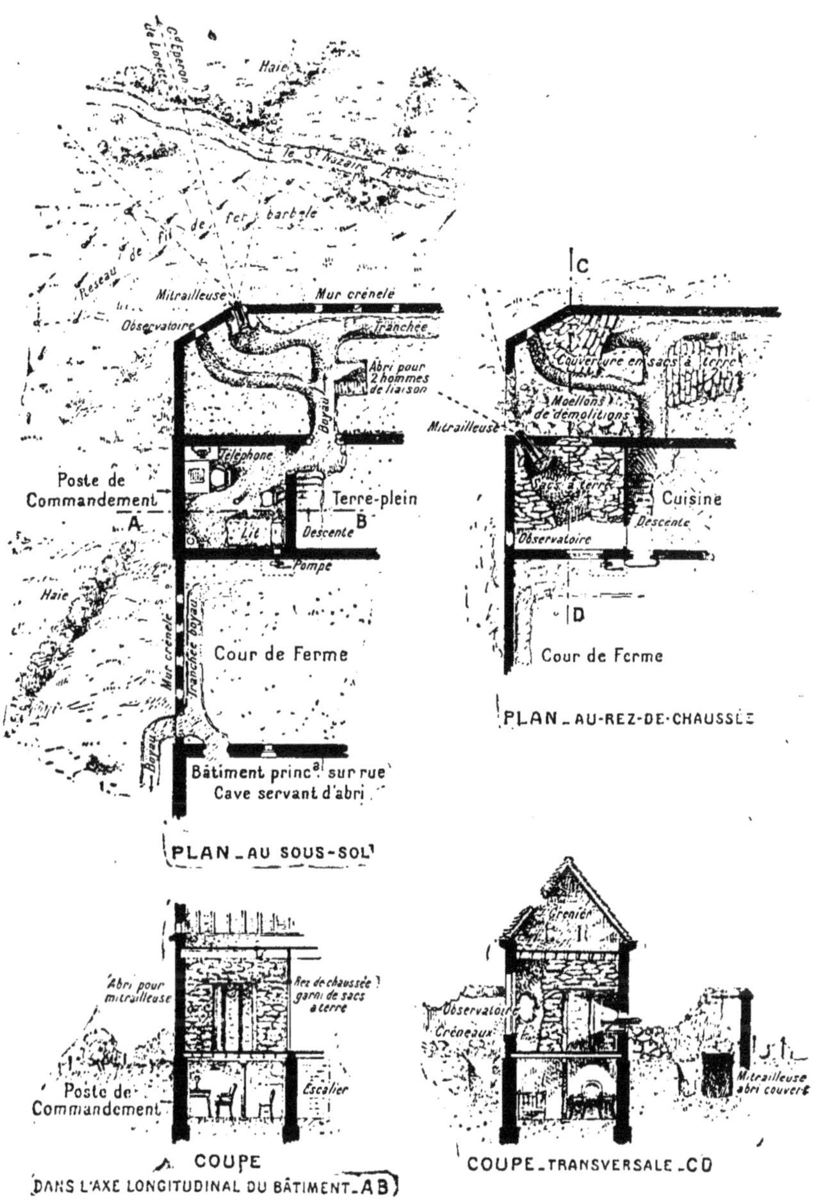

FIG. 18 — MAISON ORGANISÉE EN POSTE DE COMMANDEMENT, ET RÉDUIT
A ABLAIN-SAINT-NAZAIRE

grande distance, par son créneau, toute la zone couverte par les fils de fer.

La cave de l'habitation avait été transformée en poste de commandement. La voûte était soigneusement étayée par des poteaux de 20 à 25 centimètres de diamètre. Lit, fauteuils, chaises, tables, rien ne manquait pour un séjour confortable. Au rez-de-chaussée, le plancher au-dessus de la cave était recouvert de sacs à terre. Au-dessus et dans l'angle était ménagé un grand créneau pour mitrailleuse qui assurait un deuxième étage de feu, car il battait le même champ de tir que celui du jardin. Cette mitrailleuse était parfaitement protégée par des parois en sacs à terre, qui doublaient les murs en maçonnerie et par un ciel très épais en sacs à terre. Dans la cour de l'habitation face à l'ouest, un muri était crénelé et une tranchée avait été creusée au pied. Le bâtiment principal donnant sur la rue avait une cave, qui servait d'abri.

D'ailleurs, toutes les caves du village étaient étayées et transformées en abris confortables. Des postes de commandement et de secours avaient été construits de toutes pièces et l'aménagement en était luxueux. Un piano avait même été placé dans l'un de ces postes qui devait servir de salle de fête.

L'organisation défensive allemande des points d'appui que nous avons visités avait, comme directives générales, le confort et la sécurité. Il faut reconnaître que nos ennemis y parvinrent, et leurs pertes pendant les séjours tranquilles dans le secteur devaient être très faibles.

SECTEUR OFFENSIF

Un secteur défensif bien compris n'est complet que lorsqu'il peut facilement et utilement être transformé en secteur offensif. Que faut-il pour cela? Les caractéristiques du secteur offensif sont : les parallèles de départ, les places d'armes, la modification de l'occupation des tranchées, l'exécution de mines, la création de boyaux nouveaux, l'augmentation du nombre des abris, la création de réseaux téléphoniques nombreux, une concentration considérable de personnel et de matériel d'artillerie.

Or, ce qu'on a appelé guerre de tranchées fut l'apparition soudaine de tous les travaux que nous venons d'indiquer et qui avaient pour but le passage de la défensive à l'offensive. Après la bataille de la Marne, la guerre de tranchées parut correspondre dans l'esprit populaire à l'idée bien nette d'inaction, voire même de repos. Les armées ont pris leurs quartiers d'hiver, et la guerre de tranchées est une diversion à un repos trop amollissant. Seul, le service de garde rappelle périodiquement aux hommes que le pays est encore envahi, et de temps en temps la pointe d'un casque allemand aperçu un instant, ou le bruit d'une balle qui vient s'écraser sur le parapet signalent la présence des barbares, voleurs et incendiaires, déjà châtiés par la victoire de la Marne et l'échec des Flandres. Eux aussi d'ailleurs paraissent avoir le même rôle passif d'observateurs en sécurité derrière leurs boucliers de terre. Telle est l'impression que nous apportait sur le front, au début de cette guerre de siège, la lecture des journaux qui traduisaient l'opinion d'une partie du public.

Eh bien! non, la guerre de tranchées n'est pas cela; c'est au contraire une lutte continuelle et sans répit, qui exige une fiévreuse activité, une surveillance sans défaillance, un état moral excellent. L'énorme quantité de terre remuée journellement pour exécuter de nouvelles tranchées et de nouveaux boyaux, le nombre de cartouches, de grenades et d'obus tirés, le poids des explosifs consommés suffiraient à prouver, d'une manière péremptoire, que la guerre de tranchées est bien un combat continuel sur toute la longueur du front.

Son intensité est variable sur la ligne de feu du front occidental qui atteint plus de 450 kilomètres; mais elle prend parfois une acuité toute particulière en des points où un succès partiel de l'un des adversaires amène l'intervention de réserves plus ou moins importantes, suivant l'intérêt porté à la position conquise ou perdue.

Dans cette guerre, les deux parties sont terrées, et l'action du fusil et de la mitrailleuse ne peut être effective que si l'ennemi se décide à sortir de son trou et à donner l'attaque.

L'artillerie a une action plus efficace, mais elle nécessite l'emploi du téléphone pour le réglage du tir, et la dépense des munitions n'est pas toujours en rapport avec le résultat obtenu. Aussi a-t-on été amené, pour atteindre l'ennemi jusque dans sa tranchée, à se servir de petits canons ou d'obusiers permettant de lancer aux petites distances des projectiles chargés d'explosifs.

Le déclenchement offensif de la guerre de tranchées est caractérisé par l'exécution de *sapes,* qui permettent de s'avancer à couvert vers l'adversaire. C'est là où le rôle des troupes du génie fut prépondérant. L'infanterie n'avait pas été exercée à ce genre de travaux et dut faire alors un apprentissage terrible, guettée par un ennemi vigilant, qui profitait de la moindre faute pour fusiller le travailleur qui ne conservait pas un *masque* de terre suffisant en avant de lui.

Tous les 3o ou 4o mètres, les têtes de sape sont reliées par des parallèles. Lorsque les sapes arrivent suffisamment près de l'ennemi pour que celui-ci puisse arrêter l'avancement en jetant sur les travailleurs des grenades ou des bombes, les sapeurs doivent abandonner ce mode de progression.

Les lignes avancées sont alors suffisamment rapprochées des lignes ennemies pour qu'il soit impossible de faire aucune progression sans de fortes pertes par les bombes et les grenades. La distance des tranchées françaises et allemandes varie alors de 5o à 1oo mètres. D'un bond rapide et imprévu, il serait aisé, semble-t-il, de se jeter dans les positions de l'adversaire. Mais, au fur et à mesure de l'avancement des travaux de l'assaillant, l'ennemi a lui-même relié les éléments de sa ligne avancée, les a flanqués de nombreuses mitrailleuses, les a garnis de lance-bombes et de minenwerfers et a amoncelé, devant les parapets et le plus souvent derrière un réseau de fil de fer déjà organisé, des défenses accessoires de toutes sortes (hérissons, chevaux de frise, etc.). La tranchée elle-même est toujours en principe occupée par des sentinelles plus ou moins nombreuses, mais la possibilité d'une attaque nécessite à proximité la présence de réserves prêtes à intervenir, et la création de boyaux de communication pour permettre cette intervention.

Ainsi, le simple fait de pousser des sapes et des parallèles à proximité de l'adversaire a pour premier résultat de donner au secteur défensif jusqu'alors, l'allure offensive, et de fixer devant soi des troupes nombreuses en les tenant constamment sous la menace d'une attaque.

Si celle-ci a lieu, elle ne peut être couronnée d'un plein succès qu'après la création de brèches dans le secteur ennemi par la destruction des défenses accessoires et la disparition des flanquements.

Ces résultats peuvent être obtenus par un tir intense d'artillerie et même par un tir prolongé de mitrailleuses. On a constaté qu'avec 1o.ooo cartouches on peut faire une brèche d'une vingtaine de mètres. Mais ces moyens sont bruyants et doivent, pour rester utiles, précéder immédiatement l'assaut. C'est donc donner à l'ennemi l'avertissement que celui-ci va avoir lieu. Il se tient alors sur ses gardes; tout le monde prend sa position de combat, les brèches établies sont immédiatement battues de feux de flanquement, et le succès de l'attaque devient des plus aléatoires. Surtout qu'à l'époque envisagée l'artillerie disposait d'un petit nombre d'obus, et son action devait se limiter à des espaces très restreints. Or le problème restait : on voulait prendre l'offensive, donner le temps à notre industrie de se mettre à la hauteur de productions en canons et munitions réclamés par les combats futurs.

Le moyen immédiat de faire brèche dans les lignes de l'adversaire, et de détruire brusquement ses organes de flanquement, au moment même du départ des troupes d'assaut, fut donné par l'offensive souterraine.

Elle consiste à placer des fourneaux sous les défenses accessoires et sous les flanquements. La difficulté est de bien mettre les fourneaux sous les points intéressants, dont l'ennemi connaît l'importance. Il les protège par un système de contre-mines, chargées dès que les travaux de l'adversaire indiquent un désir d'attaque en mine. Pour démasquer les galeries offensives, des écouteurs sont placés à l'extrémité de chaque rameau de contre-mine. Dès que les premiers bruits sont signalés, on prend les mesures appropriées. La guerre de mines va entrer en pleine action. Le contact par écoutes est établi (*fig. 14*).

L'enchevêtrement des galeries et des rameaux peut devenir parfois si inextricable qu'il arrive de déboucher dans une galerie ennemie ou même sur un fourneau.

L'exécution des galeries et des rameaux de combat rencontre les difficultés suivantes : le transport des déblais et leur évacuation à l'extérieur, les fourneaux et les camouflets de l'adversaire.

Les terres sont évacuées des rameaux de combat soit dans des sacs, soit dans le chariot de mine. Dans les galeries, le transport se fait avec truc roulant sur voie de 40 centimètres ou par des relais de brouettes.

L'organisation des écoutes permet d'éviter d'être surpris par les explosions des camouflets de l'adversaire. L'écoute est une opération des plus délicates, elle consiste à déterminer la direction, la hauteur et la distance des bruits entendus, dont l'intensité varie suivant la nature de l'objet qui les provoque et des terrains rencontrés. Ordinairement l'écoute est faite par des sapeurs dressés spécialement dès le temps de paix et sans le secours d'aucun appareil. Pour obtenir plus de netteté, on utilise des tambours et des microphones spéciaux (*fig. 19*).

FIG. 19 — ÉCOUTE AU MICROPHONE DANS UN RAMEAU DE COMBAT (SERGENT DE N...)

Si l'activité déployée par les deux adversaires est la même, si l'attention et la valeur technique des écouteurs sont égales, on arrive difficilement à placer un fourneau sous la tranchée ennemie. Dès qu'un silence prolongé est signalé du côté ennemi après une période de travail assez intense, on en conclut que le chargement d'un fourneau ou d'un camouflet est en cours, et, dès ce moment, *ou bien on charge* soi-même, et c'est alors une question de vitesse, ou bien on prend les mesures de sécurité déterminées par les circonstances.

Le chargement de la chambre de mine est suivi des opérations d'amorçage et de bourrage. Celui-ci exige plusieurs heures pour des fourneaux d'une certaine importance et doit comprendre plusieurs masques destinés à empêcher le glissement des divers éléments du bourrage sous l'effet d'expansion des gaz de l'explosion.

L'amorçage est fait soit électriquement, soit par cordon détonant, qui détone à raison de 7 kilomètres à la seconde. Les fils électriques d'amorçage ou le cordon détonant sont placés dans des augets noyés dans le bourrage et, aussitôt celui-ci terminé, la mise de feu est effectuée. Si au moment de l'explosion, la ligne de moindre résistance du fourneau passe par une galerie ou un ouvrage quelconque de l'adversaire, ceux-ci sont complètement détruits. L'importance de la charge du fourneau dépend de la nature du sous-sol et de la distance du centre des poudres à la surface du sol. Dès que la lutte souterraine prend de l'intensité, elle absorbe une grande quantité d'explosifs.

Même dans les secteurs où une action offensive bien nette ne peut être entreprise pour des raisons très diverses, la guerre de mines a donné les deux résultats suivants, qui ne s'obtiennent pas d'ailleurs, on le conçoit, sans des pertes, mais dont l'importance n'échappera à personne :

1° Maintenir et fixer en face de soi des effectifs au moins équivalents à ceux de l'assaillant et empêcher l'ennemi de se reposer;

2° L'obliger à faire des dépenses de munitions et d'explosifs considérables.

L'offensive souterraine aurait pu nous donner des résultats sérieux et importants à une époque où nous manquions de canons lourds, d'engins de tranchées et même de munitions pour l'artillerie de campagne; elle fut fortement discutée dans certains cas par ceux qui devaient en être les auteurs. Il n'en fut pas de même partout, et dans la deuxième partie de ce livre nous traitons dans tous ses détails un exemple célèbre, où le génie eut un rôle actif. Généralisée, que n'eût pas donné la méthode offensive de Carency? Alors surtout les secteurs n'avaient pas l'importance qu'ils ont aujourd'hui. La première position comprenait seulement deux lignes de tranchées. Maintenant, c'est plusieurs positions successives qu'il faut enfoncer, et chaque position est transformée en un dédale de boyaux et de tranchées.

FIG. 20 — PÉTARD FRANÇAIS SUR RAQUETTE

Pour prendre l'offensive, il faut comme au début des sapes, des parallèles, des places d'armes, des abris pour les troupes d'infanterie; mais c'est surtout l'artillerie qui exige une longue préparation. Il faut des voies ferrées pour les gros canons, des routes pour le transport des munitions. Une fois l'offensive déclenchée, la trouée du réseau compliqué de tranchées et de boyaux, est poursuivie en partie à la grenade, qui a pris, après l'inauguration de la guerre de tranchées, une importance capitale, surtout dans la réduction des fortins et des nids de résistance. En dehors des moyens dont dispose l'artillerie, et qu'il n'est pas toujours facile d'employer contre de *petits centres* de résistance complètement investis, l'infanterie a les grenades et le canon de 37.

Toutes les grenades actuellement en service sont fusantes. Grâce à une mise de feu à temps, elles éclatent en moyenne cinq secondes après que l'allumeur a fonctionné.

Nous avons les grenades offensives et les grenades défensives.

Les grenades offensives ou pétards d'assaut sont celles qui peuvent être employées au cours d'un assaut sans que le grenadier puisse être atteint par des éclats. Le rayon d'action est de 8 à 10 mètres. Les grenades à palette ou à raquette, improvisées avec des bouteilles, avec des boîtes de conserve, dont chaque armée s'était ingéniée à créer des types divers, alors que l'intérieur ne pouvait encore en fournir appartenant à cette catégorie, ont été successivement abandonnées.

Les grenades défensives explosent en donnant des éclats de fonte nombreux et meurtriers. Elles sont lancées de la tranchée ou du boyau attaqué par l'ennemi. Le lanceur peut donc être entièrement protégé contre les éclats en retour. Comme allumeur on distingue : l'allumeur à percussion le plus employé et l'allumeur à friction. Dans l'allumeur à percussion, c'est l'action d'un rugueux sur le fulminate qui détermine l'allumage.

Que le secteur soit offensif ou défensif, il doit être

FIG. 21 — LANCEMENT DU PÉTARD A RAQUETTE

muni de grenades offensives et défensives. Des dépôts de ces engins sont répartis dans les tranchées et les boyaux. Les grenades sont placées dans des caisses étanches, de manière à se trouver à l'abri de l'humidité, qui les détériore rapidement et les rend dangereuses.

Au début de la campagne, une lacune complète nous privait

presque entièrement de cet engin, dont les Allemands furent très rapidement pourvus en grande quantité. Pour suppléer à cette insuffisance, nous fabriquions des grenades et des pétards de fortune très rudimentaires (*fig. 20 et 21*). Nous avions cependant la grenade à main à bracelet à mise de feu automatique, composée d'une boule de fonte remplie d'explosif et d'un bracelet de cuir que l'on fixait au poignet (*fig. 22 et 23*). Le bracelet était prolongé par un morceau de filin de 30 centimètres de longueur environ terminé par un crochet en fer. Au moment du jet de la grenade, le crochet était passé dans l'anneau du rugueux, placé à l'intérieur du bouchon de mise de feu qui ferme la boule de fonte. Au départ de la grenade, par un mouvement brusque de retrait du poignet, l'anneau, avec le rugueux d'amorçage retenu par le crochet du bracelet, s'arrache et la mise de feu est faite. L'explosion avait lieu quatre à cinq secondes après le lancement. Cette grenade était fournie dans la zone de combat toute prête. Elle était assez compliquée. Elle pouvait être lancée difficilement à 25 mètres environ. Elle fut abandonnée parce qu'elle était trop lourde ; elle exigeait un bracelet, que l'on perdait trop

FIG. 22 — LES GRENADES ET LES PÉTARDS
DE FORTUNE

Ce tableau réunit : une grenade à bracelet ; un pétard amorcé français sur raquette ; un pétard amorcé anglais ; une boîte de « singe » transformée en grenade.

facilement et quelques instants étaient nécessaires avant que le lanceur fût en état de se défendre à la grenade. Elle était mal en main et le mouvement de retrait pour arracher le bouchon enlevait une partie de la force vive du lancement. Cette grenade n'était pas d'un emploi pratique, et on ne pouvait pas la lancer assez loin.

Dès le début de la guerre de tranchées, les Allemands eurent des pétards de fortune pour la défense pied à pied. Leur meilleur engin fut incontestablement la grenade à fusil (*fig. 24 et 25*). Elle se compose d'une tringle en cuivre à l'extrémité de laquelle est fixé un cylindre en fonte, dont les cannelures facilitent, au moment de l'explosion, son morcellement en petits éclats. L'explosif est placé à l'inté-

FIG. 23 — LANCEMENT DE LA GRENADE A CHAPELET

rieur de ce cylindre, ainsi que le dispositif d'amorçage. Un tube en cuivre, contenant également de l'explosif et situé à l'intérieur du cylindre en fonte, est surmonté d'un dispositif compliqué de fermeture de la grenade et de mise de feu automatique par percussion, qui entraîne au moins 50 % de ratés.

Employée avec un fusil ordinaire, placé sur chevalet, cette grenade va à environ 200 mètres. La tringle de cuivre creuse est terminée, à l'extrémité opposée à la grenade, par une tige en cuivre de 3 centimètres de longueur environ, mobile autour de l'axe de la tringle. Cette tige est recouverte d'un manchon en cuivre de faible épaisseur, qui lui est solidaire seulement par l'extrémité fixée à la tringle. Le diamètre de la partie extérieure

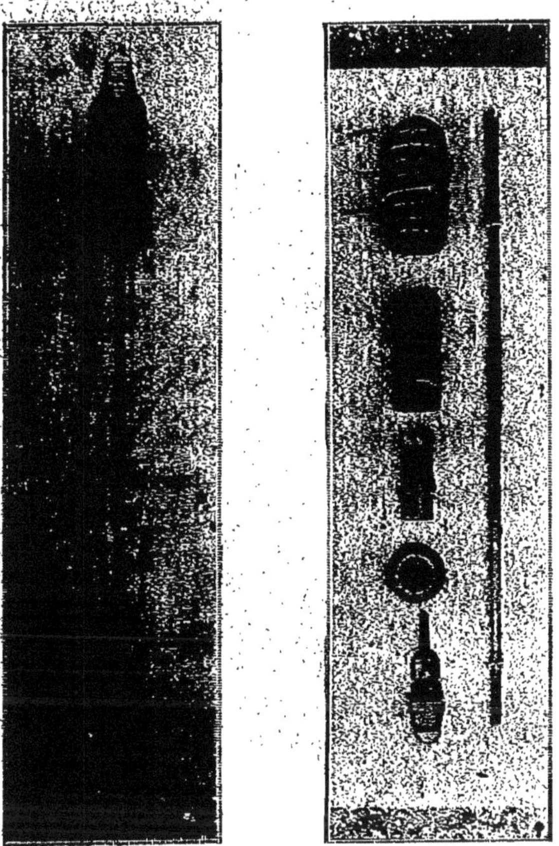

FIG. 24 ET 25 — GRENADE A FUSIL ALLEMANDE

A gauche, la grenade prête à être introduite dans le fusil ; à droite, la grenade démontée.

du manchon doit être tel que son passage dans le canon du fusil s'effectue sans pression. Pour lancer la grenade, une cartouche sans balle est introduite dans la chambre du fusil ; la quantité de poudre laissée dans la cartouche est réglée suivant la distance à laquelle on veut envoyer l'engin. Au moment du départ du coup, les gaz d'explosion s'introduisent entre le manchon et la tige et coincent le manchon contre les rayures du canon. Le manchon et la tige qui en est solidaire prennent un mouvement de rotation dans le parcours des rayures du canon, ce qui assure la direction de l'engin et le maximum de rendement des gaz d'explosion de la cartouche.

La grenade à fusil allemande était loin d'être parfaite et coûtait certainement très cher. Nous n'avions rien de semblable pour répondre à cet engin. Notre grenade à fusil Viven-Bessière, fusante, sans tige, est relativement récente et marque un grand progrès sur la grenade ennemie. Elle est constituée d'un corps cylindrique en fonte à fragmentation préparée extérieurement. La grenade se lance au moyen d'un tromblon, qui se fixe à l'extrémité du canon du fusil. On introduit la grenade dans le tromblon, on charge le fusil avec la cartouche à balle réglementaire. On tire à l'épaule ou sur le chevalet. Le départ du coup de fusil assure le départ de la grenade et son allumage.

Son emploi bien compris démoralise l'ennemi et lui inflige de plus grosses pertes que le bombardement. Elle est très pratique et fait d'ailleurs partie de l'armement de l'infanterie.

La grenade V. B. est employée dans l'offensive et la défensive. Dans la défensive elle est utilisée soit dans les tirs d'usure, soit dans les tirs de barrage. Dans l'offensive elle sert à préparer un assaut partiel, sur les éléments non encore tombés d'un secteur ennemi et complètement investi par l'infanterie, et à couvrir les flancs d'une attaque de faible importance.

Nous avons vu que l'infanterie disposait également de canons de 37. Cette pièce peu encombrante a une grande mobilité, peut se dissimuler facilement et a une grande précision. Son tir peut atteindre une vitesse de vingt coups par minute. Il a deux sortes d'obus : l'obus explosif percutant qui s'emploie contre le personnel et le matériel, et l'obus plein en acier qui est utilisé contre les plaques de blindage des boucliers. Le canon de 37 est un organe de grande valeur dans l'offensive pour réduire les noyaux de résistance, si meurtriers pour les troupes d'assaut. Il est également utilisé avantageusement dans la défensive.

Dans un secteur défensif ou offensif, les grenades et les canons de tranchées jouent un rôle prépondérant et ils sont liés aux travaux en ce sens, qu'ils peuvent ou bien les gêner considérablement, si l'ennemi prépare un secteur offensif, ou bien les aider en contrebattant efficacement la défense de l'adversaire. Les canons de tranchées, les minenwerfers rendent également les mêmes services avec une plus grande puissance et avec en plus la possibilité d'atteindre le personnel abrité. Leur action est surtout intéressante dans la destruction des organes de défense, obtenus par les travaux exécutés dans le secteur, et leurs effets sont sensiblement du même ordre que ceux étudiés plus loin en ce qui concerne l'artillerie.

VIII

DESTRUCTION DES TRAVAUX DE SECTEUR

Les deux causes principales de destruction des travaux d'un secteur sont les intempéries et l'artillerie adverse.

Ah! la pluie continuelle et cinglante qui bruisse contre le casque d'acier, quel cauchemar pour les hommes! Elle remplit les tranchées et les boyaux, fait ébouler les abris, rend difficiles les relèves et le ravitaillement, anéantit parfois en quelques heures ce qui a demandé des semaines d'efforts et de travaux.

Le terrain glissant se refuse sous les pieds, la marche est pénible. Le sol irrégulier des boyaux se recouvre d'une épaisse couche de boue liquide, nivellement trompeur, on trébuche à chaque pas et on cherche en vain un appui contre les parois gluantes. De loin en loin la boue dévale du haut des talus, s'écrase au fond du boyau et gicle dans toutes les directions en maculant d'étoiles brunâtres les mains, le visage, la musette et les armes... Et la pluie pénétrante et glacée tombe toujours, imprègne les vêtements souillés qu'elle raidit et alourdit. L'eau s'infiltre dans les abris, suinte de tous côtés et transforme le sol en un cloaque complet. Dans ces conditions, l'ardeur offensive des combattants se trouve ralentie; aussi, depuis le début de la campagne, l'hiver a toujours été marqué par un répit momentané.

La pluie sous nos climats reste l'épreuve la plus pénible pour les soldats. Le froid habituellement dure peu, mais combien il est terrible dans les tranchées et les cantonnements incommodes de l'avant. Malgré les peaux de mouton, les cache-nez, les gants, les chaussettes de laine, il est la cause d'accidents graves : bronchites, pieds gelés. Le chauffage est très difficile en ligne et, quand on peut l'organiser, les hommes doivent quitter le brasero de la tranchée ou le poêle de l'abri pour aller faire le guet à leur tour, et c'est alors que l'accident se produit.

L'hiver, la lutte contre les intempéries semble figer la haine entre les adversaires et impose un stationnement, qui est mis à profit pour organiser et améliorer défensivement les secteurs. Chaque adversaire s'emploie alors de son mieux, tout le long du front, à rendre inviolable ce ruban de terrain neutre, tantôt étroit, tantôt plus large, hérissé des défenses accessoires les plus variées, troué des énormes entonnoirs de mines et d'obus de gros calibre. En avant des parapets, on multiplie chevaux de frise, fils de fer barbelés, réseaux extensibles, etc. Le secteur est ainsi à l'abri d'un coup de main, et, pour le rendre capable de résister à une grande offensive, il faut, comme nous l'avons vu, des abris de mitrailleuses placés dans des flanquements judicieux, des abris pour les hommes des postes de commandement, des postes de secours, des batteries de canons de tranchées, des boîtes à grenades, des revêtements de toutes sortes ; mais il faut surtout se débarrasser de l'eau et de la boue.

Dans la période d'hiver cette préoccupation absorbe tout le monde. Et même dans certains secteurs peu favorisés par la nature du sol et la configuration du terrain, on ne songe qu'à évacuer l'eau, et on ne parle que de puisards, de rigoles d'écoulement, de caillebotis. Les tranchées et les boyaux « caillebotisés » sont à peu près à l'abri des méfaits de la pluie (*fig. 26*). Mais que surviennent de fortes gelées et, au dégel, seules les parties revêtues solidement en sacs à terre, fascines ou claies résisteront bien.

Les écopes, les seaux, les pompes, sont réclamés de tous côtés les jours de grande pluie. On comprendra l'importance de cette question en songeant que certains secteurs ont un dévelop-

pement de tranchées ou de boyaux de plus de 100 kilomètres
pour une division qui tient un front de 1.500 mètres, et qu'un

FIG. 26 — LE PLANCHÉIAGE D'UN BOYAU

semblable secteur peut recevoir directement plus de 2.000 mètres
cubes d'eau pendant une journée de pluie, sans tenir compte des

eaux d'infiltration, et celles-ci sont considérables, car les tranchées et les boyaux fonctionnent presque toujours comme drains

FIG. 27. — LA TRANCHÉE DES SAULES DEVANT CARLEUL

en raison de leur profondeur au-dessous du terrain naturel avoisinant.

Les gelées et la pluie sont les plus grands agents de destruction des travaux exécutés dans un secteur. Leur action est générale et décourageante, car souvent, malgré des efforts considérables, les troupes s'aperçoivent que l'anéantissement de ce qui existait continue et qu'elles ne peuvent étaler. C'est un des effets les plus décourageants de ces forces souveraines et lentes.

D'ailleurs, dès que la lutte contre ces forces néfastes cesse, et que le soleil apporte un peu de joie dans tous les cœurs, l'ardeur offensive reparaît et se manifeste par des tirs d'artillerie plus ou moins nourris. Les troupes en ligne doivent alors chercher un refuge dans les abris profonds qui ont été construits dans les périodes calmes.

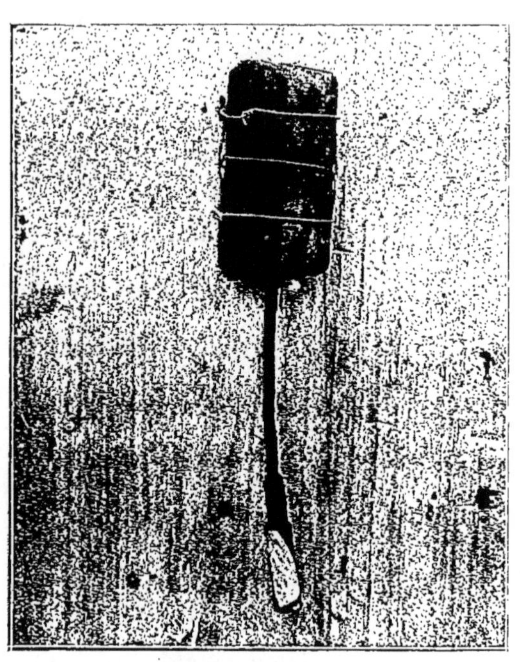

FIG. 28 — PÉTARD AMORCÉ ANGLAIS

Que ce soit contre les intempéries ou contre l'artillerie de l'adversaire, c'est toujours le travail clairvoyant et méthodique qui assurera la meilleure protection et une sécurité certaine.

L'artillerie lourde a des effets effroyables qui sont mal connus du public. Les effets extérieurs : colonne de fumée et de terre, fracas épouvantable, ébranlement du sol, sont terribles, mais ne sont pas les seuls. Il y a des effets intérieurs qui surprennent et qui demandent une explication.

Un obus de gros calibre s'enfonce profondément dans le sol

et produit, au moment de son explosion, un entonnoir. L'action de la déflagration n'est pas limitée à ce cratère béant, qui demeure seul après le fracas de la détonation et après que le

FIG. 29 — FUSIL ALLEMAND SUR SON CHEVALET, PRÊT A TIRER
UNE GRENADE A FUSIL

gros nuage de fumée et de terre s'est dissipé. L'effet d'un semblable obus ressemble en tout point à celui de l'explosion d'un fourneau de mine à charge concentrée.

L'obus lancé à grande distance par un canon lourd monte

très haut dans l'espace, retombe ensuite en produisant un siffle-
ment caractéristique, rencontre le sol sous un grand angle et
avec une force vive considérable, s'enfonce enfin à une profondeur H au-dessous du terrain naturel, jusqu'au point O (*fig. 39*).

La hauteur sera plus ou moins grande, suivant la valeur de la force vive de l'obus et le degré de résistance du sol, ces deux quantités agissant en sens inverse, jusqu'au point limite qui sera marqué par l'arrêt du projectile. Mais, pour qu'il puisse atteindre le point O, il faut qu'il soit muni d'une fusée retardée, sans quoi il percuterait et éclaterait au moment de son contact avec le sol. Si donc la charge d'explosif est suffisante, la terre est soulevée en gerbe à une hauteur variable et il reste un entonnoir plus ou moins recomblé par les projections retombées. R est le rayon de l'entonnoir, les mottes soulevées et rejetées en L forment les lèvres.

Suivant la valeur du rapport du rayon de l'entonnoir à la hauteur
H, on a un fourneau ordinaire, un fourneau surchargé ou un
fourneau sous-chargé.

Si, d'autre part, la charge placée en O est insuffisante pour
produire aucune manifestation extérieure, on dit alors qu'il y a
camouflet : l'obus éclate dans le sol profondément et ne produit
que des dégâts souterrains. Les obus percutants à fusée très

retardée, et à grande force vive à leur arrivée au sol, produisent
de semblables effets. Ils sont destinés à détruire les abris enterrés.
Leur explosion donne seulement des effets intérieurs concen-
triques autour du point O.

Contre les abris bétonnés — dont nous parlerons longuement

FIG. 31 — ABRIS ALLEMANDS EN TÔLE ONDULÉE DANS BLANCHE-VOYE

plus loin — ou fortement armés avec des poutrelles métalliques
jointives et peu enterrées habituellement, on emploie les obus de
gros calibre à amorçage de culot. Leur souffle, très meurtrier,
est d'autant plus puissant qu'ils éclatent plus près de la surface
du sol. Le souffle agit à d'assez grandes distances, culbute tout,
balaie les défenses accessoires, enfonce les entrées d'abri peu
protégées, crève les toits, les portes et les fenêtres des maisons,
brise les carreaux, éteint les lumières. Les cas de folie et de sur-

dité sont fréquents chez ceux qui sont soumis à son action rapprochée. Très souvent, les hommes sont grièvement blessés ou même tués dans un abri peu profond par la seule action du souffle. Pour le briser, on dispose en chicane les entrées des abris.

FIG. 32 — ENTRÉE D'UN ABRI ALLEMAND SOUTERRAIN DANS BLANCHE-VOYE

Tels sont les effets produits par les obus de gros calibre, qui, en raison de leur puissance de destruction, sont utilisés pour anéantir les fortins, les redoutes, les réduits, les abris ou nids de mitrailleuses en béton armé, les maisons organisées, les tranchées, les boyaux. La gamme des calibres et des poids des obus varie suivant l'importance défensive de l'organe visé.

Les travaux et le personnel du secteur ne sont pas vulnérables qu'aux obus d'artillerie lourde dont nous venons de parler.

D'une manière générale, tous les obus à explosifs, même ceux de l'artillerie de campagne, ont une action efficace ; il suffit que le moyen employé soit proportionné au but à atteindre.

En général, il existe deux modèles d'obus à explosifs par bouche à feu : l'obus allongé en acier à parois minces et à forte charge d'explosifs, l'obus en fonte à parois épaisses et à faible charge d'explosifs ; celui-ci est facile à fabriquer et beaucoup

FIG. 33 — UN CHAOS : LES DERNIÈRES MAISONS DU VILLAGE A L'EST SUR LA ROUTE QUI CONDUIT A LA SUCRERIE DE SOUCHEZ

moins coûteux. Il y a également l'obus en fonte aciérée qui est intermédiaire comme épaisseur de parois et charge d'explosifs entre les deux autres types. Il est facile à fabriquer et moins coûteux que l'obus en acier, dont il se rapproche par ses propriétés. Il a un profil spécial qui améliore les propriétés balistiques du projectile.

Quelques considérations générales sur les amorçages sont nécessaires, pour comprendre le choix qui sera fait de tel ou tel type pour un effet déterminé à obtenir.

FIG. 34 — ABRIS ALLEMANDS DE LA TRANCHÉE DE BLANCHE-VOYE, QUI COUPE UN DES ÉPERONS DU PLATEAU DE LORETTE

Tout d'abord, l'amorçage est l'ensemble du dispositif qui provoque l'explosion. La fusée, par l'intermédiaire d'une amorce

FIG. 35 — VUE DE SOUCHEZ, DE L'ÉPERON DE NOTRE-DAME-DE-LORETTE

de fulminate de mercure, fait détoner un détonateur renfermé dans une gaine; celui-ci provoque la déflagration de la charge d'explosif. La détonation complète de cette dernière est assurée

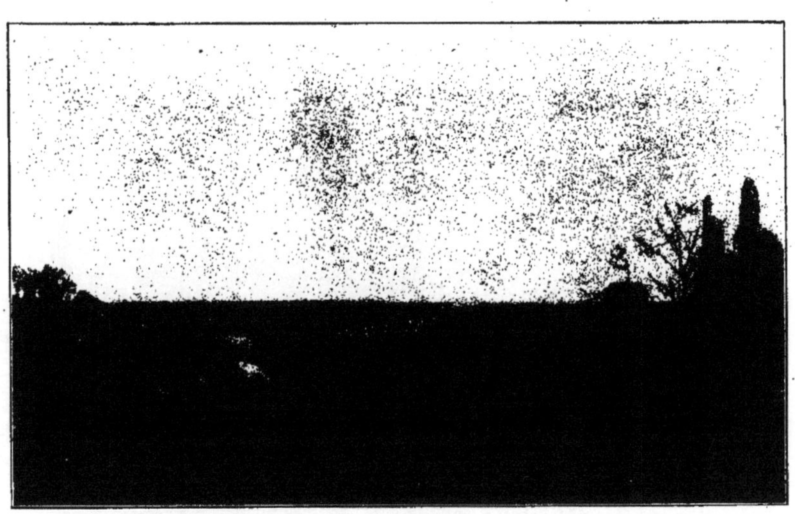

FIG. 36 — LA SUCRERIE DE SOUCHEZ SOUS LE FEU DE NOTRE ARTILLERIE PENDANT LA PRÉPARATION DE L'ATTAQUE

par une âme centrale en explosif pulvérulent et tassé, pénétrant profondément dans la masse.

FIG. 37 — UN ÎLOT D'ABLAIN, LE RUISSEAU DE SOUCHEZ COULE DEVANT LES MAISONS, AU FOND DE L'ÉPERON DE LA BLANCHE-VOYE

On distingue les amorçages instantanés, les amorçages sans retard ou à retard o (zéro) et les amorçages retardés.

Les amorçages instantanés provoquent suivant la nature de la

FIG. 38 — L'ÉGLISE D'ABLAIN-SAINT-NAZAIRE ET L'ÎLOT DE MAISONS QUI L'ENVIRONNAIENT

fusée la détonation au ras du sol, avec formation sur celui-ci d'un globe de compression de 3o à 35 centimètres de profondeur, ou bien légèrement au-dessus avec formation d'un très léger globe de compression de 10 à 15 centimètres seulement de profondeur. Les amorçages instantanés sont utilisés avantageusement contre le personnel découvert ou abrité dans les tranchées, contre les réseaux de fils de fer et le matériel d'artillerie non protégé.

Les amorçages sans retard ou à retard o provoquent en général dans le sol un entonnoir d'une certaine profondeur qui localise les effets extérieurs. La durée de fonctionnement est telle que, dans les milieux très résistants comme le béton où la durée de pénétration est très faible, le projectile éclate à peu près à fond de course. Ils s'emploient contre le personnel abrité dans les tranchées, le matériel d'artillerie protégé par un épaulement, les tranchées et les parapets, les bois, les abatis, etc...

Les amorçages retardés provoquent l'éclatement du projectile en l'air après ricochet s'il est tiré avec un angle de chute suffisamment faible, ou bien à fond de course dans le cas de pénétration dans les terres.

Les effets produits au point de chute par un projectile explosif dépendent essentiellement du parcours qu'il suit après son contact avec le sol et du moment où, sur ce parcours, l'éclatement est provoqué. Le trajet consécutif au choc varie avec plusieurs éléments dont le principal est l'angle de chute. Suivant la valeur de cet angle, l'obus ricoche en traçant une souille peu prononcée, ou bien rebondit après avoir fait un certain parcours souterrain, ou encore fait un parcours souterrain sinueux en tendant en général à revenir à la surface, ou enfin fait un parcours rectiligne et s'enfonce d'une quantité qui dépend de la vitesse restante de son poids, de sa forme et de la nature du terrain. Comme nous l'avons vu plus haut, les pénétrations à grande profondeur ne peuvent être obtenues qu'à l'aide de projectiles de gros calibre tirés sous de grands angles.

IX

ENTRETIEN ET SAUVEGARDE DES SECTEURS

Quelles sont les dispositions prises pour lutter contre le développement toujours croissant de l'artillerie de tous calibres ? Les explications données plus haut au sujet du secteur défensif nous montrent que le labeur des occupants a créé la défense en surface. Ici, nous nous arrêterons plus spécialement à l'exposé des méthodes adoptées par les Allemands dans les abris en bois et en béton armé qui ont été pris par nos troupes dans la Somme.

Nous savons déjà que des abris à l'épreuve des bombardements formidables employés dans la guerre actuelle sont établis dans les diverses lignes des positions successives de tout secteur. Contre l'artillerie, il faut des abris spéciaux longs à construire. L'artillerie lourde en particulier a des effets effroyables auxquels le secteur répond par la construction de fortins. Qu'est-ce qu'un fortin ? Dans cette guerre remplie de surprises, il est bien certain que l'ancienne conception de cet organe de fortification répondait à des idées tactiques différentes de celles d'aujourd'hui. Un fortin est maintenant un ouvrage fermé, isolé ou résultant d'un cloisonnement instantané et judicieux fait à propos par le défenseur dans une position en partie perdue par lui. Cet ouvrage est, en général, composé d'éléments de tranchée barricadés vers les parties perdues (c'est ce qu'on appelle le cloisonnement), pourvu d'un ou de plusieurs abris à l'épreuve des obus de gros calibre et défendu par une garnison bien approvisionnée et décidée à lutter jusqu'à la mort.

L'élément essentiel du fortin est l'abri à l'épreuve. Il conserve intacts les défenseurs qui, après la préparation d'artillerie, l'occuperont et résisteront plusieurs heures, parfois même plusieurs jours à des troupes qui ont submergé plusieurs lignes successives.

Nous avons vu et étudié dans la Somme certains abris, que nos ennemis ont construits et utilisés pendant une longue période de tranquillité relative. Ces abris ne sont vulnérables qu'aux obus de gros calibre à fusée à long retard. Désormais, c'est la lutte

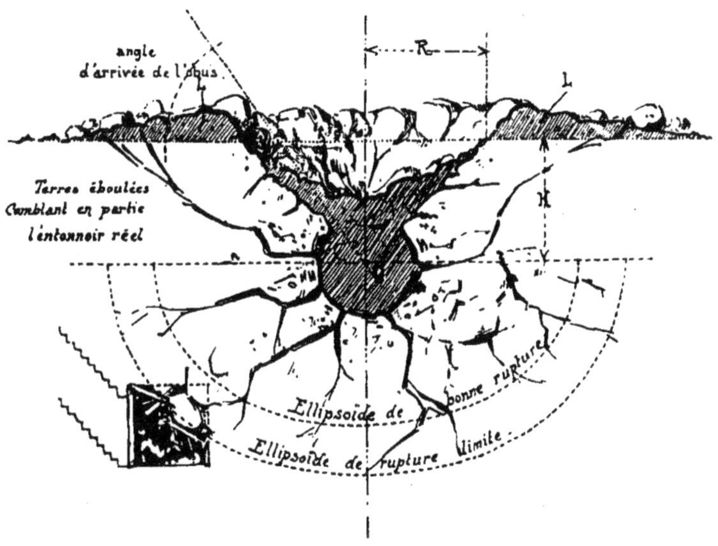

FIG. 39 — EFFET D'UN OBUS DE GROS CALIBRE SUR UN ABRI SITUÉ DANS LE CHAMP D'ACTION DE SON EXPLOSION

continuelle entre l'abri et le canon lourd, travail du front contre travail de l'intérieur.

Nos ennemis enfoncent le plus possible l'abri proprement dit (la chambre d'habitation) au-dessous de la ligne de rupture limite. Le schéma (*fig. 39*) donne l'idée de l'effet d'un obus de gros calibre sur un abri situé dans le champ d'action de son explosion et l'on voit immédiatement jusqu'à quelle profondeur il faut l'enfoncer pour y échapper.

Dans les abris existants (caves par exemple) ou dans les maisons organisées en réduits, les Allemands emploient une protection en matériaux résistants, appelés couche d'éclatement. Elle est composée de plusieurs lits de gros rondins, séparés par plusieurs couches de sacs à terre ; les rondins sont quelquefois remplacés par des poutrelles métalliques à double T, par de la maçonnerie ou du béton. La couche d'éclatement arrête l'obus, empêche sa pénétration dans l'abri. Le projectile éclate ainsi en surface et ses effets intérieurs sont presque nuls.

Les Allemands déploient beaucoup de soin et de méthode dans la construction des abris ; ils les dissimulent en évitant de faire de gros dépôts de déblais et en laissant à la tranchée, aux abords des entrées, sa forme générale. Tout abri repéré peut en effet être détruit avec certitude, si le réglage direct est possible.

Nos ennemis ont senti que, malgré toutes les précautions prises, les entrées restaient toujours très vulnérables à l'artillerie lourde et même, la plupart du temps, aux obus percutants de l'artillerie de campagne. Pour pallier à cet inconvénient, ils ont augmenté le nombre des issues et ont ajouté des cheminées d'aération et de secours, dans lesquelles un homme à plat ventre peut passer. Toutes ces entrées sont assez éloignées les unes des autres, pour ne pas être détruites par le même obus.

Quelques fortins, constitués par des abris ou postes de commandement typiques, ont servi de centres de résistance à nos adversaires, au cours de l'offensive de la Somme. Nous en avons visité quelques-uns à Herbécourt, à Frise, à Biaches. Certains de ces repaires paraissent avoir été abandonnés sans que les défenseurs aient opposé une sérieuse résistance.

La Maisonnette était organisée en poste de commandement. Le bâtiment est aujourd'hui complètement écrasé. Ses caves étaient aménagées, mais non étayées ; elles étaient reliées avec une tranchée située à l'est par un long souterrain en châssis coffrants, formés de madriers. Celui-ci aboutissait à la tranchée par une tête de marteau, dont chaque branche donnait accès du fond du souterrain au sol de la tranchée par une descente en escalier.

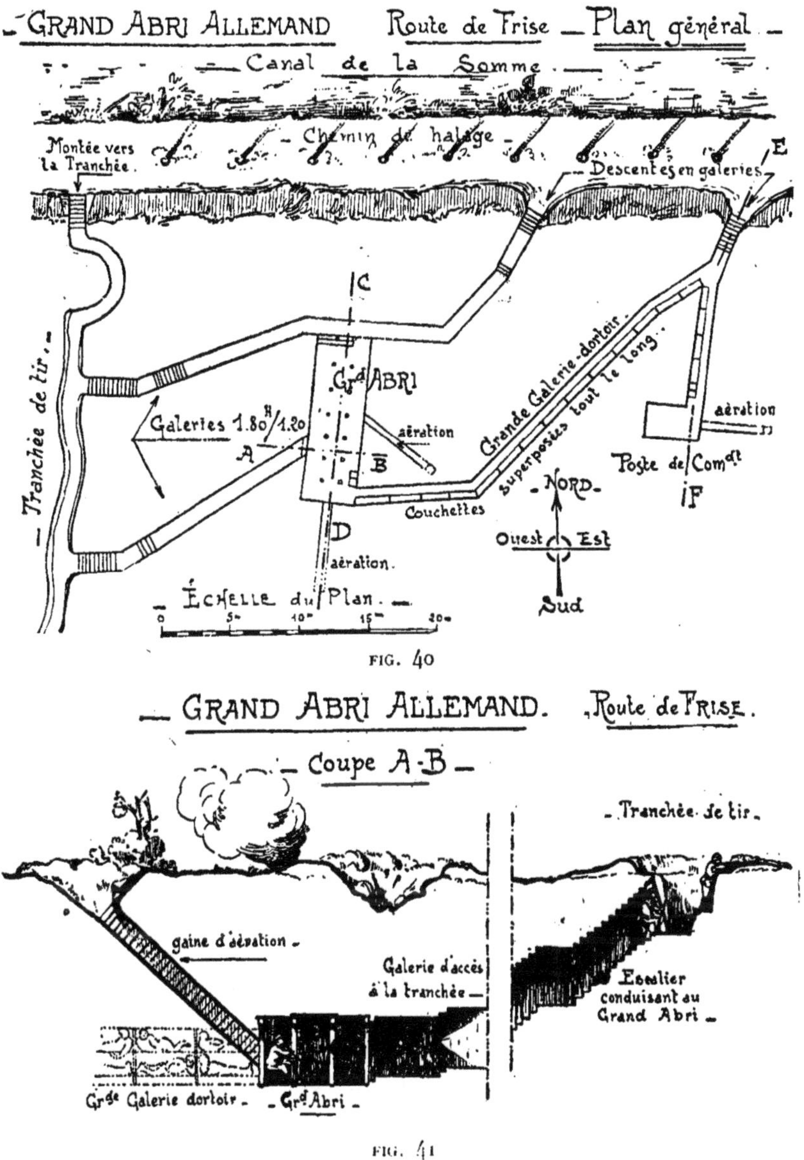

FIG. 40

FIG. 41

Tout aussi curieux est un immense abri que les Allemands

avaient creusé le long du canal de la Somme, à l'ouest de Frise (*fig. 40, 41, 42 et 43*). Il avait, dans le talus du canal, deux entrées établies en gros rondins, solidement contrebutés. Cet abri était d'une construction assez soignée, complètement coffré et

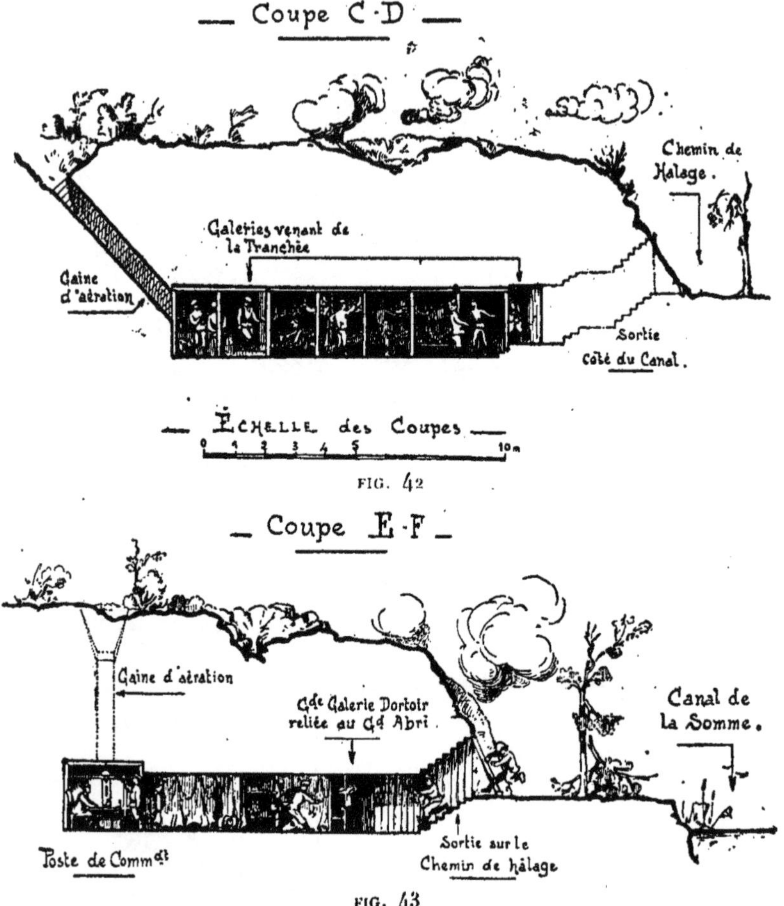

planchéié. Les pièces étaient meublées et parquetées. Dans une des galeries se trouvaient des couchettes superposées, établies suivant l'axe longitudinal du souterrain et d'un côté seulement. Deux autres galeries aboutissaient à une tranchée qui faisait face à Frise.

Un genre d'abri tout à fait différent pour demi-section est celui en tôle cintrée profondément enterré. Les Allemands en ont établi, dans certaines tranchées, des séries de huit à dix. Ce type d'abri a 8 mètres de longueur, 2^{m}80 de largeur et 2 mètres de hauteur à la clef. Il a un plancher; deux entrées en courbe (de manière à faire diverger le plus possible les extrémités) aboutissent à la tranchée dans un pare-éclats. De cette manière les deux entrées ne peuvent être démolies par le même obus.

Enfin on trouve l'abri ordinaire en galerie de mine avec au moins deux descentes en escalier (*fig. 44*). C'est le type le plus courant. Les Allemands l'installent de plus en plus profond et jusqu'à 8 mètres au-dessous du terrain naturel. Cet abri a des dimensions prévues pour une garnison d'une demi-section.

Avec des abris aussi enterrés, embryons éventuels de fortins, de réduits, de redoutes, on conçoit qu'il est très difficile de détruire les ouvrages essentiels de la défense ennemie. Ils sont presque toujours si bien dissimulés que rien ne permet de les déceler. On est donc obligé de faire un tir sur zone sur-toute la région où les renseignements des prisonniers ou des aviateurs ont pu en signaler l'existence. Et malgré la dépense incroyable de munitions qu'exige le tir sur zone, on trouve encore de nombreux abris intacts et des organisations qui ont triomphé du canon, parce qu'ils étaient restés ignorés. Ce sont ces organisations, véritables pieuvres, qui émergent soudain dans l'océan de fer et de feu qu'est désormais toute préparation d'artillerie. Elles étendent rapidement leurs tentacules dans les tranchées et boyaux environnants et constituent en quelques instants tous ces petits centres de résistance devant lesquels se heurtent nos fantassins. Si ces fortins ne tombent pas dans la fureur du premier assaut, il faut alors les encercler et la progression est fortement gênée. Nous disposons cependant d'énormes moyens matériels : obus spéciaux, gaz asphyxiants, etc... Le tank paraît devoir donner une aide précieuse dans ces cas-là.

Cependant, malgré tous ces travaux et toutes les difficultés

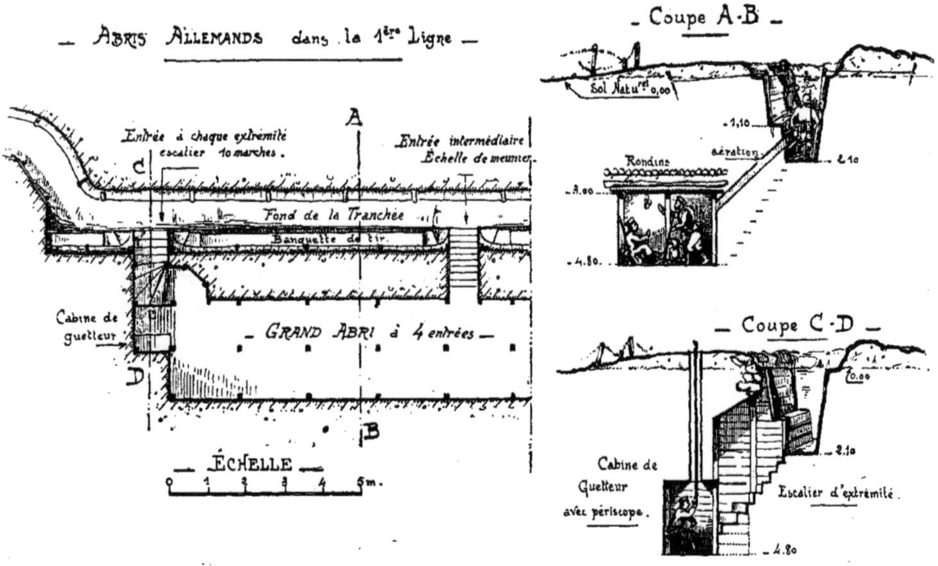

— Abris Allemands dans la 1ère Ligne —
Entrée à chaque extrémité escalier 10 marches.
Entrée intermédiaire Échelle de meunier
Fond de la Tranchée
Banquette de tir.
Cabine de guetteur
— Grand Abri à 4 entrées —
— Échelle —
0 1 2 3 4 5m.
— Coupe A-B —
Sol Naturel 0,00
-1,10
aération
Rondins
-2.10
-3.00
-4.80
— Coupe C-D —
0.00
-2.10
Cabine de Guetteur avec périscope.
Escalier d'extrémité.
-4.80

FIG. 44

accumulés par un ennemi méthodique et constant dans ses efforts, les combats engagés au nord et au sud de la Somme nous ont procuré d'importants succès et ont porté nos lignes au cœur des positions allemandes organisées avec des moyens d'action de premier ordre. Nous venons de voir quelle compétence nos ennemis ont déployée dans l'organisation défensive de leur front en France. Ils améliorent sans cesse leurs secteurs d'après un plan d'ensemble. Une instruction clairvoyante leur fait admettre une forte discipline dans le travail. Le soldat allemand est persuadé que dans le combat il peut avoir la vie sauve grâce à ses outils. La puissance de travail de nos adversaires, leur ténacité dans l'exécution de tout ouvrage, rehaussent considérablement l'importance des résultats qu'obtinrent nos vaillantes troupes. A Herbécourt, à Frise, à Combles, de puissants abris boisés enterrés profondément, des réduits redoutables furent enlevés sans que cependant l'artillerie ait pu les détruire tous au préalable. Certains de ces abris dont l'importance impressionne nous sont déjà connus; aussi quelle tâche ardue, quel saut dans l'inconnu, quand arrive l'heure de franchir le parapet!

Les abris enterrés, les postes de commandement, les observatoires utilisés par les Allemands sont généralement boisés. Dans quelques cas spéciaux, surtout lorsqu'il est nécessaire de conserver une vue sur le terrain (observatoire, abri de guetteur, par exemple) et d'avoir en même temps une protection contre les obus de gros calibre, nos adversaires emploient le béton armé. Des photographies trouvées sur un sous-officier pris à la lisière du bois de Morval nous ont permis d'avoir des détails intéressants sur la manière dont nos ennemis construisent et utilisent le béton armé.

Le béton armé est un mélange de cailloux, de sable et de ciment dans lequel se trouve noyé une armature de fer plus ou moins compliquée.

L'exécution d'un ouvrage en béton armée est confiée à un chef de chantier, qui établit le projet d'exécution de détail, trace la fouille, fait faire les coffrages aux dimensions voulues, donne les longueurs de ployage des fers, surveille et contrôle la fabrication et l'emploi du béton, assure la mise en place des fers. C'est le chef de chantier qui fait la répartition du personnel en diverses équipes, correspondant aux différentes opérations que nous venons d'indiquer.

L'équipe de ployage et de coupage des fers coupe les barres de longueur commerciale aux longueurs indiquées sur les plans fournis par le chef de chantier et les classe ensuite par catégories de même grosseur et de même longueur. Elle les coude alors aux extrémités en forme d'agrafe sur une longueur de 20 centimètres environ ; suivant le diamètre des fers, le ployage se fait, soit à l'aide d'un levier, soit directement à la main en passant la barre entre deux tiges de fer fixées sur un socle adhérant solidement au sol. On fait abatage avec la partie libre de la barre et, après une rotation de 180°, on obtient ainsi la partie coudée qui permet une liaison meilleure des fers entre eux et avec le béton.

Pendant cette préparation des fers, on construit et on met en place les coffrages. Ce sont les boisages qui donnent au béton les formes intérieures et extérieures de l'ouvrage à réaliser. Ils soutiennent pendant la construction les massifs de béton, qui ne prennent consistance que quelques jours après leur mise en œuvre. Lorsque la prise complète est assurée, on décoffre et on peut alors construire d'autres ouvrages analogues à celui pour lequel les coffrages ont été établis.

Simultanément se fait aussi la mise en place des fers. Les figures 45, 46 et 47 font voir une véritable trame de fers ronds ployés aux extrémités. Des lames verticales, horizontales et transversales sont ligaturées les unes aux autres à l'aide de fil de fer fin.

Dès que les coffrages et les fers sont mis en place, on commence le bétonnage. Le chantier comprend une grande aire plane sur laquelle on amène les quantités de sable prévues pour

FIG. 45 — EXÉCUTION D'UN ABRI EN POUTRELLES DE BÉTON ARMÉ

FIG. 46 — VUE D'ENSEMBLE DE L'ARMATURE DES FERS ET DES COFFRAGES
D'UN PARE-ÉCLATS AVANT LA COULÉE DU BÉTON

le ciment employé (*fig. 48*). On fait à sec et avec la pelle un mélange intime de sable et de ciment. On le mouille ensuite et on le brasse vigoureusement à l'aide du rabot à mortier. On amène alors la quantité de gravillon nécessaire pour le mortier

préparé. On fait le lavage du gravillon au moment de l'incorporer au mortier, il se trouve ainsi débarrassé de ses impuretés et, en été, humecté, ce qui facilite la prise. L'eau est évacuée automatiquement par le fond à claire-voie de la brouette. Le gravillon est enfin mélangé avec le mortier de ciment à l'aide de pelles et trituré avec le rabot à griffes. Le béton est alors prêt à être employé. Sa mise en œuvre comporte un pilon-

FIG. 47 — QUADRILLAGE DE FERS COUPÉS AUX EXTRÉMITÉS DEVANT SERVIR D'ARMATURE A UN OUVRAGE ALLEMAND EN BÉTON ARMÉ.

nage sérieux pour assurer la liaison parfaite des diverses couches de béton entre elles et l'adhérence parfaite avec les fers.

L'abri figuré sur les figures 47 et 49 paraît avoir été établi en première position, assez près de nos lignes : les moyens pris pour en dissimuler la construction en sont une preuve. Nous allons suivre en détail l'exécution de cet ouvrage intéressant. La pré-

FIG. 48 — FABRICATION PAR LES SOLDATS ALLEMANDS DU MORTIER DE CIMENT
(AU PREMIER PLAN) ET DU BÉTON (AU SECOND PLAN)

FIG. 49 — MISE EN PLACE, SOUS UN CAMOUFLAGE, D'UNE PARTIE DES COFFRAGES
AUTOUR DESQUELS SERA COULÉ LE BÉTON

paration de la fouille se fait dans une tranchée calcaire ; on voit à terre (*fig. 5o*) les règles qui ont été posées, pour faire le nivellement de la fouille que l'eau a envahie. Dans un coin un puisard la recueille par une rigole d'écoulement. Une pompe, dont on aperçoit le tuyau d'aspiration le long du talus du

FIG. 5o — PRÉPARATION DE LA FOUILLE POUR L'ÉDIFICATION D'UN PARE-ÉCLATS
DANS UNE TRANCHÉE ALLEMANDE

parados, la rejette sur le terrain. Quand la fouille est achevée et bien réglée, on met en place les coffrages (*fig. 49*), et, pour ne pas être aperçus des avions français ni repérés sur leurs photographies, les travailleurs ont fait un camouflage. On voit les poteaux qui supportent un ciel de clayonnages, sur lesquels on a jeté de la terre ou de l'herbe pour donner au-dessus de l'ouvrage l'aspect du terrain avoisinant. Une partie des fers sont déjà en place et on remarque les coffrages qui donneront à l'abri ses formes intérieures.

Le plan et les coupes que nous avons établis complètent les renseignements de la figure 51. Cet abri-observatoire est ménagé dans un pare-éclats de tranchée. Après exécution, rien ne per-

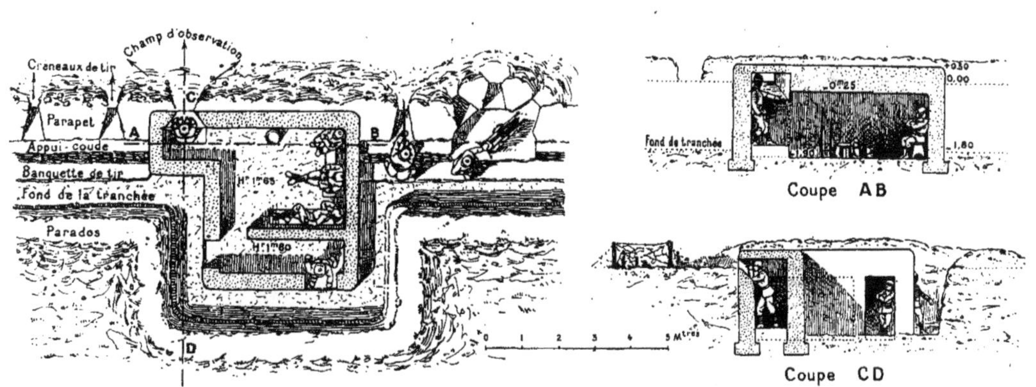

FIG. 51 — PLAN ET COUPES VERTICALES DE PARE-ÉCLATS ALLEMAND SERVANT D'OBSERVATOIRE ET D'ABRI

met d'en déceler l'existence. Les figures 52 et 53 nous montrent une réduction de cet ouvrage. Cet abri comprend une

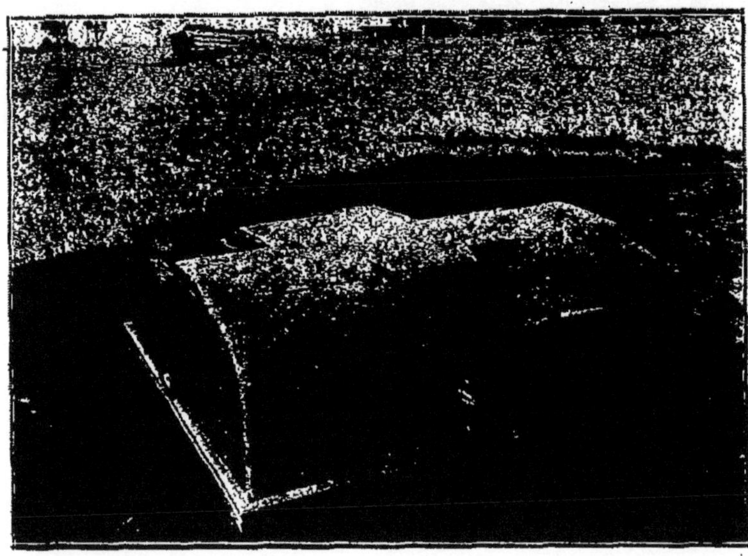

FIG. 52 ET 53 — MAQUETTE D'UN PARE-ÉCLATS ALLEMAND EN BÉTON ARMÉ
A gauche, vue prise en avant du parapet ; à droite, l'ouvrage vu en arrière du parados.

chambre d'habitation, une guérite-observatoire et un couloir qui donne accès, d'une part, dans la tranchée sur deux faces du pare-éclats et, d'autre part, dans la chambre d'habitation. Le couloir constitue un dispositif d'entrée en chicane, qui assure la protection contre le souffle des obus. La chambre d'habitation communique avec la guérite-observatoire. Le créneau d'observation est placé à un niveau un peu supérieur à celui du terrain naturel de manière à avoir le plus grand champ de vision possible.

Sur les croquis d'interprétation des photographies, il n'y a pas de dimensions indiquées, car il n'est pas possible de les déterminer avec exactitude. Mais la faible portée des dalles de ciel et la grande épaisseur de celle qui recouvre la chambre d'habitation font croire que cet observatoire est à l'épreuve d'un coup isolé de 155.

Les dalles et les murs sont constitués comme armature de quadrillages en fers ronds noyés dans le béton. Il y a plusieurs quadrillages superposés dans l'épaisseur d'un massif. Les distances entre les quadrillages et leur composition dépendent essentiellement du diamètre des fers et de la résistance que l'on veut obtenir.

Les Allemands emploient assez couramment le béton armé. La figure 54 nous montre des moellons préparés à l'avance et à l'arrière. La figure 45 représente un abri en cours d'exécution : des poutrelles armées de différentes longueurs sont disposées les unes au-dessus des autres pour former les murs et jointives pour faire le ciel. La liaison entre elles est assurée par de grosses barres de fer. Des trous ménagés aux extrémités des poutrelles permettent de les emboîter sur les barres verticales qui dépassent les murs. Dans cet abri, l'emploi des poutrelles armées supprime les coffrages. L'ensemble est alors revêtu d'un bloc de ciment armé qui assure la liaison absolue et donne une grande résistance. Les quadrillages approvisionnés se voient sur la photographie.

Tous ces travaux en béton armé sont compliqués et exigent

l'intervention de spécialistes. D'autre part, les photographies jointes à cette étude montrent que le transport à pied d'œuvre du ciment, du sable, des cailloux, des fers et de l'eau ne se fait pas sans difficultés. La construction d'une voie Decauville dissimulée au fond d'un grand boyau est une œuvre assez considérable quand elle doit arriver à proximité des premières lignes. L'une

FIG. 54 — MOELLONS EN BÉTON ARMÉ PRÊTS A ÊTRE UTILISÉS

des photographies montrait la voie en cours d'exécution et semblait bien se rattacher à ces travaux importants. On y voit la plate-forme terminée au moment de la pose de la voie, qui est approvisionnée sur place. Un fossé assure l'écoulement des eaux. A la partie supérieure de chaque talus, les déblais ont été retroussés, de manière à ménager au niveau du terrain naturel une large berme et éviter ainsi les éboulements au moment des intempéries.

Nos ennemis n'ont pas le monopole du béton armé, nous en faisons nous-mêmes un large emploi : des abris, des observatoires, des nids de mitrailleuses sont établis en béton armé d'un seul bloc ou en poutrelles armées. Nous ne pouvons pas sans inconvénients décrire dans tous leurs détails nos travaux comme ceux des Allemands. Des projets intéressants ont été adoptés dans certaines armées pour abris de mitrailleuses à l'épreuve du 210, pour renforcement d'abris en sous-œuvre; nous ne pouvons donner aucun renseignement, et cependant leur exécution représente des efforts considérables et une grande puissance défensive. Cette activité de nos sapeurs peut être marquée par un chiffre. Une seule compagnie du génie fit exécuter, avec des auxiliaires d'infanterie et une organisation solide, plus de 700 mètres cubes de maçonnerie ou de béton armé en moins de deux mois. Certains de ces travaux furent exécutés à proximité des lignes ennemies. Le caillou, le ciment, le sable, les fers réunis en botte, étaient portés à l'épaule dans les boyaux. On construisit un abri de mitrailleuse monobloc à coupole à l'épreuve du 210; le type adopté est assez curieux.

L'emploi du béton armé sur le front exige une coordination d'efforts simultanés et une impulsion éclairée par un projet d'ensemble. L'exécution des déblais de la fouille, le coupage et le ployage, la construction des coffrages, l'approvisionnement des matériaux pour la fabrication du béton, tout cela doit se faire presque toujours en des points différents et simultanément.

Les avantages de l'adoption du béton armé sont nombreux; il offre une très grande résistance sans superstructure trop considérable. La construction des abris à la surface du terrain permet la surveillance facile des lignes ennemies. La sortie de la garnison d'un abri en béton armé est presque instantanée. Pas de marches à monter avec un équipement encombrant qui s'accroche au boisage de la descente en escalier dans les abris enterrés profondément où, de plus, la surveillance du terrain ne peut se faire qu'à l'aide d'un périscope assez difficile à établir.

Les entrées de l'abri en béton armé sont moins vulnérables aux obus que celles des autres abris généralement boisés. Le béton armé offre, il est vrai, de plus grandes difficultés d'exécution et exige des spécialistes. Il s'est cependant généralisé chez nous et chez nos adversaires, parce qu'il donne de très sérieux avantages au point de vue défensif.

La lutte contre la destruction systématique de l'artillerie de campagne et de l'artillerie lourde a conduit à des secteurs de plus en plus développés et qui présentent en profondeur plusieurs positions. La valeur défensive sera d'autant meilleure que ces positions auront été conçues de manière à faire surgir des noyaux de résistance solides, qui empêcheront la progression de l'assaillant.

Devant l'augmentation incessante des moyens d'action : canons et munitions, on en arrive même à la conception de la défense par le vide, par une zone neutre sacrifiée au tir d'artillerie. L'ennemi augmente même la destruction du tir de préparation en coupant les voies de communication, les ponts, etc., et se munit ainsi contre l'exploitation du succès, qui exigerait un passage rapide de la zone abandonnée. Jusqu'à ce jour on n'a pas pu rétablir la liaison avant que l'ennemi ait pu s'asseoir sur sa nouvelle position.

Ce recul pied à pied tient à ce que les Allemands ont toujours apporté une grande attention à la construction des abris blindés ou enterrés ; ils ont cherché à donner à leurs hommes l'impression que, quelle que soit l'importance du tir d'artillerie ennemie, ils pouvaient être à l'abri. Quelle valeur morale peut donner une telle persuasion à une troupe instruite et courageuse ! Doit-on être surpris ensuite de ces tirs, qui s'allument soudain, derrière les premières vagues d'assaut, et qui sont si démoralisants ?

Les abris donnent, sans aucun doute, une grande sécurité ; mais la grande difficulté est d'en sortir au moment voulu. Le guet de l'infanterie doit être très bien fait, pour que l'alarme soit donnée au moment où l'assaut est lancé. De jour, les périscopes, les abris de guetteurs en béton armé, les observateurs du terrain, ont permis de réaliser la surveillance de la ligne ennemie, tant que l'artillerie n'a pas détruit ces organes d'observation, qui

sont, il est vrai, peu vulnérables. D'ailleurs, l'observation minutieuse du secteur ennemi, pendant les journées qui précèdent
l'attaque, ont pu donner des renseignements précieux et presque
toujours on est sur ses gardes. On écoute, on regarde et de tous
les indices remarqués on arrive à tirer des conclusions sûres,
quoique irrégulières.

C'est ainsi que s'engage, pendant de longues périodes de
calme, du fond des tranchées, une continuelle conversation, dont
le mystérieux alphabet est composé de sons et de silences, de
clartés et d'obscurités, de travaux et de repos, qui conduisent à
des déductions certaines. La multiplicité, sans motif, de coups de
fusil, du jet des fusées éclairantes, indique des troupes nerveuses
et craintives. Des sapes nouvelles exécutées avec rapidité, des
parapets qui s'enflent à vue d'œil, l'exécution de tirs de réglage
par l'artillerie ennemie ont une allure belliqueuse. L'apparition
de déblais provenant de couches géologiques profondes peut
révéler une attaque en mines. La présence ou l'absence de
défenses accessoires devant les tranchées de première ligne est
l'indice d'une attitude offensive ou défensive. Il pleut : moins de
chances d'attaque. Voici le soleil, le terrain sèche, la joie revient
dans tous les cœurs : gare aux coups de main. L'énergie
employée à lutter contre les intempéries et la destruction systématique du temps devient disponible. Ces déductions, d'ailleurs,
n'ont rien d'absolu, elles varient suivant les gens et les lieux, et
la conversation muette des tranchées, claire pour les uns, peut
être un rébus pour d'autres.

Cette conversation, ainsi que le guet, se poursuit de nuit
comme de jour. Elle est plus active le jour parce qu'elle a plus
de champ. L'artillerie fait entendre fréquemment sa voix et, par
les coups observés, on s'aperçoit bien vite s'il s'agit d'un tir de
garde, d'un tir de réglage ou d'un tir de démolition.

La nuit, l'attention de tous augmente, et avec une sagacité
affinée par de longs mois de campagne et une étude approfondie
des faits et gestes habituels de l'ennemi, chacun arrive à une

divination remarquable des événements. La caractéristique de la
nuit dans la zone de combat est l'apparition, dès le crépuscule,
des fusées éclairantes. Ici, c'est des tranchées françaises que
monte dans l'espace une fusée bruyante, à traînée lumineuse

FIG. 55 — FUSÉE ÉCLAIRANTE FRANÇAISE LANCÉE D'UNE TRANCHÉE ILLUMINÉE
PAR UNE FUSÉE ALLEMANDE

(*fig. 55*); elle éclate, et pendant quelques minutes, une vive clarté
oscille sous un parachute; quelques coups de fusil s'échangent
dans la zone éclairée; patrouilles et travailleurs se « planquent »

et attendent l'obscurité sans faire un mouvement. En un autre point, une, deux, trois fusées silencieuses, rapides, aveuglantes, partent de la tranchée allemande, décrivent une trajectoire; souvent la fusée vient tomber à quelques mètres de nos tranchées ou même sur le parapet et éclaire encore quelques instants. Les fusées éclairantes gênent beaucoup les travailleurs qui se trouvent sur le terrain, mais elles sont utiles pour les déplacements des corvées et des cuistots dans les tranchées et les boyaux.

Par nuit normale, les fusées sont tirées de part et d'autre à intervalles à peu près réguliers, elles jalonnent la ligne de feu de trajectoires brillantes qui zèbrent l'obscurité pendant quelques instants et s'éteignent brusquement, happées par les ténèbres. Quelque chose se produit : un bruit inaccoutumé, quelques grenades qui explosent, plusieurs coups de canon jetés subitement dans le secteur, aussitôt les fusées éclairantes dominent les points troublés et les illuminent un moment. Puis tout rentre dans le calme.

S'il s'agit d'une action quelconque, le crépitement intense des fusils et des mitrailleuses, les éclatements de grenades, font bientôt entrer en danse le 75. Des faisceaux de lumière lèchent les parapets ennemis, éclairent la bande neutre que nos adversaires doivent franchir pour arriver sur nous. Ce sont les projecteurs qui fouillent tous les recoins de la nuit, y cherchant l'ennemi. Le guet de jour et de nuit ne peut laisser surprendre les troupes en ligne.

Des efforts incessants, une attention vigilante assurent la protection contre les coups de surprise; les abris enterrés en bois, les abris en béton armé donnent une protection efficace contre les tirs intenses de préparation d'artillerie. Le nombre des canons et les calibres des obus ont augmenté dans de telles proportions, que les tranchées, les boyaux sont complètement retournés et les entrées d'abris obstruées après ces tirs de préparation d'artillerie. On a donc cherché à se défendre devant ce développement croissant. On y est parvenu par l'idée de l'augmentation de secteur à battre. Dans la première position on a créé des lignes nouvelles, des sapes, des boyaux, qui n'ont qu'un intérêt passif et qui sont, en somme, un camouflage du secteur. L'ennemi ignore les organes essentiels; il devra donc tout battre pour être assuré du succès et sa dépense de munitions croîtra dans des proportions inacceptables. D'autre part, on a construit des deuxième et des troisième positions; et à Verdun, de notre côté, comme dans la Somme, du côté allemand, on a toujours eu le temps d'édifier une position nouvelle avant que la dernière ait été enlevée.

Aux préparations fantastiques que l'on fait actuellement, on a la tendance à répondre de plus en plus par la préparation du vide. Le secteur est une porte close qu'aucun moyen rapide connu ne peut enfoncer; dès que la préparation est aperçue, une deuxième porte est édifiée en arrière. Avec les moyens d'action accumulés on arrive bien à briser l'obstacle, mais celui-ci à peine franchi, un autre tout aussi redoutable est déjà dressé devant les assaillants. Les tanks et les avions interviennent de plus en plus et pourraient modifier les conceptions du passé.

Les causes d'arrêt des offensives résident dans la nécessité de faire des préparatifs que les avions démasquent bien avant qu'ils soient prêts, ce qui supprime la surprise, et dans la possibilité pour celui qui est attaqué de reculer sur des bases intactes avec d'excellentes voies de communication, tout en faisant le désert devant lui pour ralentir promptement la vitesse acquise par les troupes d'assaut.

Que de difficultés sans nombre pour des troupes qui avancent sur un terrain bouleversé, où il n'y a plus d'abris, où les villages sont saccagés, où les voies de communication sont hachées! Les troupes reprennent contact avec les petits postes ennemis et, sous le crépitement des fusils et des mitrailleuses, doivent à nouveau s'enterrer, faire un trou de tirailleur, le relier aux éléments voisins, établir enfin une tranchée. Le lendemain, la progression est le plus souvent décidée; l'artillerie s'est avancée et peut faire une nouvelle préparation sur les positions adverses. Mais, cette fois, les observatoires d'artillerie sont trop loin, l'ennemi est difficile à repérer, il est embusqué dans des maisons, des bois ou tapi en plein champ et on ne peut guère faire qu'un tir systématique. Ce qui manque alors, c'est l'efficacité du tir d'artillerie.

Il ne s'agit pas de se leurrer, il est certain que les résultats obtenus n'ont pas toujours été à la hauteur des sacrifices consentis. Cependant, une opération, qui eut à son heure un grand retentissement, fut conduite heureusement avec des moyens bien moins importants que ceux que nécessite aujourd'hui toute action offensive. La prise de Carency, qui fait l'objet de la deuxième partie de ce livre, fut une belle journée, et elle laissa de grandes illusions, parce que nous croyions que nos moyens matériels étaient suffisants pour qu'elle fût rapidement généralisée.

DEUXIÈME PARTIE

ATTAQUE ET PRISE DE CARENCY

La description minutieuse et sincère d'une opération quelconque, même si elle a parfaitement réussi, comporte à la fois de beaux et sombres tableaux. Dans la préparation du succès, ce sont les difficultés rencontrées, les obstacles dressés, qui, par la manière dont on les renverse, assurent les journées de gloire. La voie qui conduit aux réalisations fructueuses est semée d'erreurs, de fautes, de revers partiels qui trempent les grands caractères. L'exécution d'une attaque se heurte à l'inconnu des réactions de l'ennemi. Telle méthode qui a donné d'excellents résultats en un point du front ne pourrait être appliquée en un autre. Et, d'autre part, en même temps que les moyens d'attaque se perfectionnent, ceux de la défense se développent également.

Les faits à Carency ne nous furent pas toujours favorables dans leur développement, quoique l'issue en ait été heureuse. Quelle est d'ailleurs la grande entreprise du temps de paix : port, tunnel, chemin de fer, usine, qui n'ait à de certains moments laissé bien perplexes les exécutants par la tournure, parfois désastreuse, que prenait l'exécution : accidents de personnes, pertes de matériel, réaction violente des éléments ? Là, on avait à lutter seulement contre la nature. Avec de la persévérance et de la confiance dans la compétence des directeurs on arrivait toujours au but. La discussion éternelle sur les principes et les moyens d'exécution aurait conduit les conseils d'administration à d'incessantes et improductives parlotes. Qu'importe, après l'exécution, de revenir sur ce qui aurait été obtenu, si on avait agi autrement ! Qu'on étudie avant à fond la valeur des hommes à qui on confiera l'exécution, qu'on leur donne les moyens d'action; mais qu'ensuite on n'aille pas examiner à la loupe tous les détails, critiquer la moindre faute et le moindre insuccès !

ATTAQUE BRUSQUÉE

Carency (*fig. 56, 57 et 58*) est un village assez important, caché dans un repli des collines d'Artois, à une quinzaine de kilomètres au nord d'Arras. Il est situé au sud du célèbre mamelon de Notre-Dame-de-Lorette, dont il est séparé par Ablain-Saint-Nazaire et par le petit bois de la croupe 125. Les deux vallons de Carency et d'Ablain-Saint-Nazaire, où coule un ruisseau d'eau claire, se rejoignent à l'est de Souchez, à proximité du château de Carleul, dont les abords sont très marécageux.

Carency s'étend le long de la route de Souchez à Villers-au-Bois; un îlot de maisons s'en détache, au sud, comme un bastion avancé sur les pentes de la cote 124, et un autre au nord, vers le bois 125. L'ancien château et l'église occupent le centre près du calvaire. La voie ferrée des chemins de fer départementaux du Pas-de-Calais suit le fond du vallon encaissé dans la traversée du village et se développe le long du ruisseau souvent à sec.

A la suite de la lutte terrible dont il était l'enjeu, Carency est entré dans la grande histoire, et ce modeste village a été, pendant près de huit mois, le théâtre d'une lutte gigantesque et sans merci.

Quelques souvenirs historiques se rattachent à cette localité. Saint Aignan, dit-on, y prêcha l'Évangile au sixième siècle; il y fit jaillir une fontaine qui porte son nom et qui était le but d'un pèlerinage renommé.

FIG. 56 — VUE PANORAMIQUE DE CARENCY, PRISE DES PENTES SUD DU BOIS 125

FIG. 57 — VUE PANORAMIQUE DE CARENCY, PRISE DES PENTES SUD DU BOIS 125

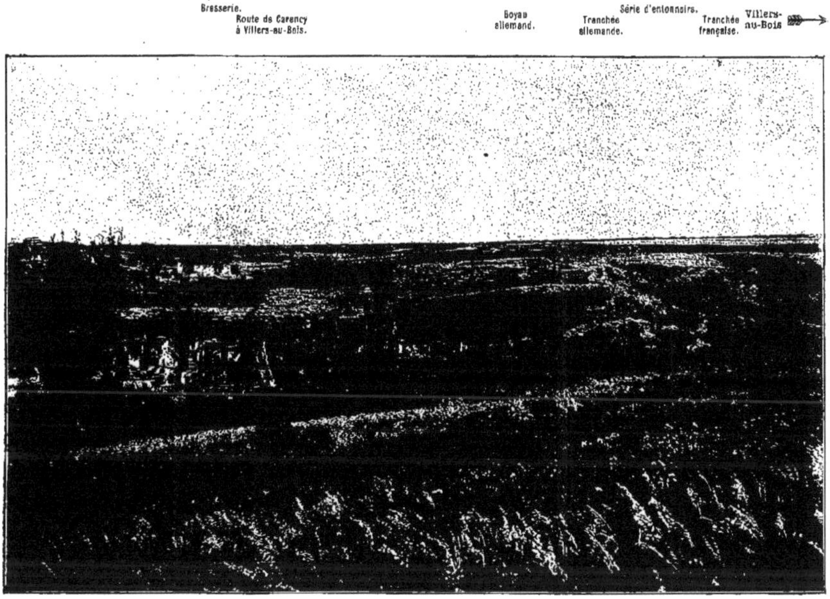

FIG. 58 — VUE PANORAMIQUE DE CARENCY, PRISE DES PENTES SUD DU BOIS 125

Après avoir passé dans l'héritage de plusieurs familles, Carency appartint, au dix-huitième siècle, aux Montmorency, qui offrirent une cloche à la nouvelle église.

On a retrouvé quelques vestiges des constructions antiques dans les dépendances du château et à l'auberge du « Bon Piéton ». On a même découvert des haches en pierre taillée au fond de fosses circulaires.

Le château s'élevait près de l'emplacement de la chapelle primitive, il n'en reste que quelques murs; l'église du dix-huitième siècle avait été reconstruite au milieu des ruines. Aujourd'hui, le village est presque complètement anéanti. Les maisons ont été écrasées par les obus; les rues, coupées par les boyaux de communication, disparaissent sous les décombres des habitations; les jardins et les champs sont remplis de défenses accessoires ou profondément creusés d'entonnoirs de mines et de torpilles.

Le 5 octobre 1914, les Allemands continuant leur progression obligent la 70ᵉ division à se replier des hauteurs de Vimy et de la cote 140. L'extrême aile gauche des armées françaises, ce jour-là, à 2 heures du matin, était accrochée devant Givenchy, dont nos ennemis s'étaient emparés au cours de la nuit. Par le vallon de Souchez ils tentèrent un mouvement débordant et, au petit jour, nous apercevions la cavalerie allemande qui montait les pentes de Notre-Dame-de-Lorette. A ce moment, nous recevions l'ordre de repli. Vers 10 heures du matin, nous rentrons dans les éléments du 21ᵉ corps qui viennent nous renforcer, fixent l'adversaire, et continuant eux-mêmes le mouvement vers le nord, refoulent avec l'aide de la 70ᵉ division les troupes allemandes qui essayaient de déboucher de Carency et d'Ablain-Saint-Nazaire.

Le 6 octobre, la bataille continue avec rage. Nous reprenons le chemin creux du bois de Berthonval à Carency et le bois de Berthonval. Nous organisons le vallonnement et la croupe située au sud-est de Mont-Saint-Éloi et à l'est de Chaussée Brunehault.

Ensuite la compagnie du génie reçoit l'ordre d'organiser une très forte position de repli à contre-pente sur la croupe au nord et au nord-est d'Acq. Jusqu'au 8, l'organisation de cette position est continuée.

Le 9, la situation s'améliore sur le front de la division, et la compagnie reçoit l'ordre d'organiser le bois de Berthonval et la ligne entre le bois et la ferme de Berthonval.

Le 10, deux sections à la ferme de Berthonval, deux au bois du même nom confectionnent un réseau de fils de fer, jalonnant la ligne reconnue et piquetée la veille.

Des travaux divers sont exécutés les jours suivants sans qu'il y ait rien de particulier. Le 19, reconnaissance d'officiers aux tranchées sud de Carency. Le soir, la compagnie exécute une forte tranchée entre la route de Villers à Carency et le petit bois situé au nord de celle-ci. Cette tranchée a pour but de battre la sortie ouest de Carency. Un réseau de fils de fer Brun est placé en avant. Dans les journées qui suivirent, l'organisation défensive est poussée avec activité.

La fin du mois d'octobre et tout le mois de novembre s'écoulent ainsi à faire des organisations de positions : cote 124 devant Carency, bois des Alleux, Villers-au-Bois, bois de Bouvigny.

C'est dans le courant de novembre que la première ligne devient continue et que les grands boyaux commencent à être exécutés d'une manière suivie devant Carency. En face de l'îlot sud-ouest de Carency une seule tranchée de 150 mètres de longueur environ, occupée par un peloton d'infanterie, défend les pentes de la cote 124. Une solution de continuité de quelques centaines de mètres la sépare, au nord et au sud, des autres tranchées françaises. Cette tranchée s'appelle tranchée Mathis, du nom d'un lieutenant d'infanterie du 279ᵉ, qui donna également son nom à un des éperons de Notre-Dame-de-Lorette, où il fut tué. Elle est vue des tranchées ennemies et, de jour, les occupants ne peuvent pas bouger sans recevoir immédiatement des coups de fusil. De nuit, les fantassins se déplacent sur le terrain, mais la relève offre de grandes difficultés. Par les nuits très noires, à cette époque on ne tire pas encore de fusées éclairantes, il arrive que parfois le peloton de relève passe dans les intervalles qui séparent la tranchée Mathis des tranchées voisines et va jusqu'aux patrouilles ou aux sentinelles ennemies. Un feu terrible de fusils et de mitrailleuses en résulte et dure quelquefois plusieurs heures. Les fantassins, le nez dans les betteraves, protégés par les dénivellations du terrain, attendent l'accalmie, et le plus souvent les renseignements donnés par le feu de mousqueterie leur permettaient de retrouver leur tranchée.

Quand on voulut faire une ligne continue avec les éléments de première ligne existants, on fit appel au génie qui, avec l'aide de travailleurs du 143ᵉ territorial, assura la liaison de la tranchée Mathis avec les éléments du nord vers le poteau indicateur, et les éléments du sud vers le chemin creux de Berthonval.

Dans cette période, la Meule Noire et les Onze Arbres sont des repères que tous doivent connaître. Ils ont une importance capitale. Ce sont les points auxquels, dans les randonnées de nuit, il faut toujours se reporter pour être sûr de ne pas entrer dans les lignes ennemies. Par temps de brouillard et par les nuits très obscures, ce n'est pas toujours facile. Alors on détermine au pas et à la boussole, en partant d'un point de tranchée connu, le tracé du travail que l'on a à faire. Il n'était pas aisé de faire une mise en chantier avec 50 sapeurs et 100 territoriaux, alors surtout que l'on n'avait devant soi aucune indication et qu'il ne fallait pas, tout en travaillant, se départir d'une vigilante surveillance. On était bien toujours en liaison avec l'infanterie au point de départ, mais tant que la tranchée n'était pas approfondie d'une quarantaine de centimètres, une fusillade nourrie était à redouter.

Tous ceux qui tinrent les tranchées de Carency, et en particulier le 269ᵉ régiment d'infanterie, connaissent la Meule Noire. Elle était distante de la tranchée ennemie (saillant α) d'une trentaine de mètres seulement. Et tant que nous n'eûmes pas une première ligne continue à 15o mètres environ de la leur, les Allemands envoyaient la nuit un petit poste à la Meule Noire. Elle fut l'objectif fatidique des travaux d'approche à découvert. Le prolongement de la tranchée Mathis, auquel nous travaillions la nuit, avait comme point de direction la Meule Noire. Elle formait un point de repère facile à reconnaître de jour, même de loin, et les comptes rendus des travailleurs de première ligne, comme ceux des observatoires d'artillerie, mentionnaient tous la Meule Noire.

Le front de la division est très grand, et la diversité des travaux exécutés ainsi que des points où ils sont établis exigent des déplacements continuels qui nuisent considérablement au rendement. D'ailleurs, dans cette période de guerre, il est assez difficile de faire admettre aux fantassins qu'ils doivent travailler ; le génie leur paraît fait pour cela, et les tranchées, les boyaux, à plus forte raison les travaux spéciaux : abris, observatoires, postes de commandement, doivent, d'après eux, être construits par les sapeurs. Une idée est avérée dans l'esprit de tous, c'est la séparation totale qui doit exister entre le combattant et le travailleur. Le combattant attaque ou se défend, et c'est là toute sa mission ; le travailleur, il faut le chercher dans les corps spéciaux. Or, au début de la campagne, une division comprenait seulement une compagnie du génie, soit au maximum 14o travailleurs. Que pouvait donc faire, comme travail effectif, un personnel aussi réduit, alors que déjà le besoin de l'organisation d'un secteur se faisait impérieusement sentir ?

D'ailleurs le règlement avait bien prévu la nécessité de donner des auxiliaires aux spécialistes. Il précise les fonctions du génie d'une manière très claire : « Le génie vit dans une étroite intimité avec l'infanterie, il se dévoue à des travaux périlleux ; des détachements du génie accompagnent les vagues d'assaut et partagent leurs dangers.

« Aussi l'infanterie ne doit jamais oublier que cette arme a des effectifs limités et que le nombre de ses techniciens et de ses spécialistes serait insuffisant, dans la forme actuelle de la guerre, s'ils n'étaient pas réservés pour les seuls travaux que le fantassin ne peut absolument pas faire lui-même.

« L'infanterie doit donc demander au génie, non des travaux, mais des conseils, et lui fournir au contraire les auxiliaires dont il a besoin pour la guerre de mines et ses autres travaux spéciaux. Il faut se garder d'utiliser le génie en le dispersant par petits détachements dans les différentes unités d'infanterie, à moins que ce ne soit pour leur fournir des contremaîtres. Il est préférable de l'employer en masse pour une œuvre bien déterminée, à laquelle on n'affectera d'ailleurs que le nombre de sapeurs exactement nécessaire pour le mener à bien dans le temps voulu.

« Le génie assure l'établissement et l'amélioration des communications (routes, chemins de fer, équipages de ponts, sections de projecteurs, télégraphie militaire, pigeons, etc.). Il participe au combat en détruisant ou créant des obstacles, en exécutant certaines parties délicates de l'organisation des points d'appui.

« Le corps d'armée comprend des compagnies divisionnaires et de corps (ayant chacune leur parc), une compagnie du génie de parc (attelant des prolonges d'outils et des caissons d'explosifs), une compagnie d'équipage de ponts. Le service du génie dispose, en outre, dans chaque armée, du parc d'armée et du détachement télégraphique du parc de génie.

« Il ravitaille toutes les armes en matériel. »

Cette petite digression fera comprendre quel rôle le génie était appelé à jouer. D'ailleurs, l'infanterie ne persista pas longtemps dans son erreur première et montra elle-même la plus grande activité.

A Carency, le génie fut, à notre avis, utilement et sagement utilisé.

Dans la première quinzaine de décembre se prépare l'attaque de vive force du village. Les moyens matériels sont mesquins, mais on ignore encore la valeur des tranchées. On se rend compte pourtant que nos ennemis travaillent beaucoup, mais on n'en déduit pas le nombre d'obus que représente l'activité défensive déployée par les Allemands.

Parmi les travaux particuliers et qui ont un caractère un peu spécial, il y a, dans cette première quinzaine du mois de décembre, la construction de postes de commandement et d'observatoires. Mais combien légers et insuffisants sont ces travaux! Le matériel manque pour les exécuter et il faut improviser à chaque instant. Un obus de 105 bien placé serait passé au travers du ciel comme des parois, sans la moindre difficulté. Il fallait faire vite et toujours on voyait petit.

Quelles étaient les idées à cette époque et pourquoi ne cherchait-on pas à édifier des abris et des postes de commandement solides et confortables? A quoi bon, disait-on; dans quelques jours, les Allemands partiront et tous ces travaux auront été faits en pure perte. Mieux vaut attendre. Le calme de nos ennemis, le silence de leur artillerie ne sont-ils pas une preuve suffisante de leur impuissance? Et ainsi, pour tous, la certitude était qu'au premier acte offensif, ils prendraient le chemin de la frontière! Aucune réflexion ne s'arrête à cette méthode, à cette longue préparation allemande, qui aurait dû faire penser immédiatement que tout cela est étudié et voulu. La victoire de la Marne hante toujours les esprits, et au lieu de la voir comme l'enchaînement logique d'une manœuvre splendide, jointe à une puissance matérielle locale imposante, on la considère assez naturellement comme un heureux coup du sort, qui peut bien se renouveler dans cette forme nouvelle de la guerre.

Le 12 décembre, on sent, bien qu'aucune indiscrétion n'ait permis de préjuger l'attaque, qu'elle sera imminente. Deux sections de la compagnie 20/11 partent le soir pour commencer les travaux d'approche au poteau indicateur et à la cote 124. Les travaux d'approche consistent alors à relier les parallèles de départ, qui ne sont pas encore terminées, et à créer quelques sapes. Nous ne connaissions pas encore les fusées éclairantes ni les défenses accessoires ; les tranchées n'ont pas de revêtements, pas de caillebotis. Les abris sont pour la plupart de simples trous dans les parapets ou les parados. Les mieux organisés sont aménagés avec un ciel en planches sans étais. Le matériel est apporté par les fantassins, suivant le bon gré de chacun, au moment des relèves.

Le 13 et le 14 on continue les sapes offensives qui mettent l'ennemi en éveil. Tout le jour, il tire des coups de fusil sur les pelletées de terre qui passent sur les parapets et rejette ainsi une partie des déblais sur les travailleurs. Il lance même des bombes qui sont mal réglées et ne font pas grand mal. Nous n'en avons pas pour répondre, et l'infanterie se plaint à nous de cette lacune. C'est ainsi que le génie est immédiatement mis en cause toutes les fois que des matériaux ou des engins spéciaux font défaut. Nous vivons pourtant en excellents termes avec les fantassins dont nous partageons les peines et les dangers. Mais on n'a pas de bombes, pas de grenades à fusil, pas de grenades à main, pas de fusées éclairantes ; pourquoi le génie ne nous en donne-t-il pas ? Évidemment, l'infanterie a raison. En face, il y a tout ce qu'il faut ; le génie allemand est donc plus débrouillard que le nôtre. Et aussitôt on se met en quête d'explosifs et de moyens d'action et nous fabriquons des bombes qui n'occasionnèrent pas d'accident quoiqu'elles fussent très rudimentaires. La bombe est constituée de six ou sept pétards de mélinite, liés ensemble avec des petites tiges de fer. L'un des pétards est amorcé et la mèche lente dépasse d'une ving-taine de centimètres l'alvéole du pétard. La bombe, de forme cylindrique, est placée dans un tube, dont le fond est plein. Une charge de poudre est introduite dans le fond du cylindre. La bombe est mise au-dessus de cette charge et la mèche lente, retournée le long de la paroi intérieure de la bombe, passe en dessous, de manière à être noyée dans la charge de poudre. La paroi du cylindre de l'obusier est percée d'un trou qui permet d'introduire la mèche d'allumage dans la poudre. Au moment voulu, on met le feu à cette mèche, la poudre explose et envoie la bombe dans l'espace. Les premières se désagrégeaient sur la trajectoire et les pétards partaient dans toutes les directions; seul celui qui était amorcé explosait.

Le 14, quelques-unes de ces bombes, un peu améliorées comme dispositif, sont lancées de Carency et du poteau indicateur sur les tranchées allemandes. Le déchet est assez grand, le tiers à peine explosent dans de bonnes conditions.

Les 15 et 16, on réunit à la sape la tranchée du poteau indicateur à la Meule Noire appelée tranchée Boivin. Dans la région de la Meule Noire on était en moyenne à 70 mètres du saillant α sur un front d'une centaine de mètres. C'était là une bonne distance d'assaut. Au nord et au sud de ce point, les tranchées de première ligne s'éloignaient rapidement et les distances atteignaient en moyenne plus de 150 mètres.

L'attaque de Carency, décidée pour le 17 décembre, va donc avoir lieu.

Elle s'annonce mal. Cette fin de décembre 1914 est pluvieuse, le terrain est déjà détrempé et les tranchées non revêtues, sans abris, sont inhospitalières. La décision d'offensive est prise et le mouvement des troupes d'infanterie a lieu. Le 17, tout le monde est en place. Les causes de tristesse et de doute dans le succès sont d'une manière générale suffisamment nombreuses, surtout dans cette période de la campagne, pour que la saison et le temps soient pris comme un agent d'optimisme plutôt que de pessimisme.

Alors arrive l'ordre de remise de l'attaque au lendemain. On passe la journée à activer les travaux de préparation, gradins de franchissement, sapes, etc. Des caisses de grenades à bracelet traînent çà et là, elles ne sont pas très pratiques, et les fantassins, pour la plupart, ne savent pas les utiliser.

Le lendemain 18, l'ordre de bataille est le suivant : le 226e régiment d'infanterie fait face à l'îlot sud-ouest de Carency et doit atteindre cet objectif en enlevant la tranchée qui le couvre. Le 269ᵉ va depuis la Meule Noire jusque dans le ravin de Carency et doit attaquer la lisière est du village. Le 42ᵉ chasseurs sur la cote 125 doit prendre le bois du même nom. A 10 heures, le bombardement commence et dure vingt minutes en deux reprises avec un intervalle de dix minutes. A 10ʰ 30, les vagues d'assaut sortent et sont immédiatement reçues par une fusillade intense qui couche les hommes du 226ᵉ qui s'avançaient au delà des Onze Arbres. Le 269ᵉ éprouve également des pertes. Une compagnie plus heureuse, à cause de la faible distance d'assaut, réussit à enlever le saillant α. Sur la cote 125 le 42ᵉ chasseurs perd du monde et doit s'arrêter. L'élément de tranchée, 100 mètres de longueur, pris en face de la Meule Noire, reste à nous vingt minutes environ. Tout à coup, une contre-attaque allemande se déclenche; l'ennemi, muni de grenades que nous connaissions à peine, réduit en quelques instants le peloton qui s'était emparé de cette partie de tranchée. Cette attaque est donc complètement manquée. L'ordre de reprendre l'offensive arrive dans la soirée : elle aura lieu au cours de la nuit. Au moment où le crépuscule est suffisant pour permettre les mouvements sur le terrain, quelques hommes blessés légèrement arrivent; ils étaient restés couchés et n'avaient pas fait le moindre mouvement pendant la journée pour ne pas être fusillés.

Vers 10 heures du soir, un contre-ordre est donné, l'attaque sera différée jusqu'au lendemain. La pluie tombe d'une manière désespérante; les hommes, en petit nombre, sont abrités dans de mauvaises guitounes, où l'eau goutte à goutte pénètre partout. Ceux-là d'ailleurs sont relativement heureux. La plupart sont couchés sur les banquettes de tir, gluantes de boue, ou assis côte à côte dans l'humidité. Sur le terrain en avant du parapet on entend les blessés qui râlent et qui appellent désespérément. Toute la nuit, au prix de bien des efforts, on les ramène dans la tranchée, et on réussit à les évacuer par des boyaux, où la marche est de plus en plus difficile. Telle fut cette nuit effroyable, veillée d'une nouvelle bataille en perspective. Le lendemain, l'attaque est de nouveau ajournée, elle sera reprise ultérieurement.

Le 20 décembre, le génie travaille à l'établissement de plates-formes pour petits canons de tranchée au sud-ouest de la cote 124, aux sapes offensives de la Meule Noire et de la tranchée Lemaire, il fabrique des obus pour les canons de tranchée et des charges allongées pour faire sauter les fils de fer.

Les 21 et 22, la compagnie exécute sept têtes de sape à la Meule Noire et à la cote 124. Ce travail continue les jours suivants et, le 24, les artificiers du génie tirent les petits canons de tranchée.

A la suite de l'orientation des idées vers l'attaque de Carency par la sape et par la mine, le 25, le général de division nous donne une reconnaissance à faire dans le village.

Le capitaine C..., le lieutenant C... et moi, nous partons dans le courant de l'après-midi de Camblain-l'Abbé. Nous suivons le ravin où passe la voie métrique des chemins de fer départementaux. C'est le jour de Noël, aussi le calme est-il absolu en ligne. Pas un obus, pas un coup de fusil. Nous arrivons par la voie ferrée jusqu'à la rue de Carency, à droite et à gauche de laquelle nous occupons un îlot de maisons, séparé par une zone de terrain nu de 80 mètres de longueur environ du reste de la localité occupée par les Allemands. Au sud de la route, deux petites bicoques de peu d'importance, construites en torchis, ont été occupées par nous le jour de l'attaque du 18 décembre : l'ennemi les avait évacuées. Elles marquent aujourd'hui notre poste avancé. Un boyau de 80 centimètres à 1 mètre de profondeur réunit la dernière de ces masures à la cour de la première habitation tenue par nos ennemis.

Nous examinons la ligne allemande et nous apercevons la fameuse brasserie, dont parlent souvent les comptes rendus d'infanterie. C'est là, croit-on, qu'existe un poste de commandement. Le capitaine D..., qui commande la compagnie du 269e

qui tient cette partie du village, profite du calme de cette journée
pour couper un fil électrique qui vient des lignes ennemies et
aboutit à un sac à terre, placé dans un coin de la masure où se
trouve notre petit poste. Ce sac est aussitôt retiré, et nous
trouvons à l'intérieur de petits parallélipipèdes jaune citron,
constitués d'une poudre semblable à la mélinite. Deux de ces
cartouches contenaient dans une alvéole un détonateur électrique. Les Allemands, obligés d'évacuer cette maison, avaient
sans doute laissé cette charge dans le but de contre-attaquer à
la faveur du désarroi qu'aurait produit l'explosion.

Après cet incident, nous visitons la cour d'une ferme située
au nord à une vingtaine de mètres de celle que nous venons de
quitter et ayant accès sur la même rue. La mission qui nous
était confiée consistait à chercher l'endroit le plus propice au
départ d'une galerie de mine destinée à atteindre un organe
essentiel de la position adverse. Le puits de cette cour nous
paraît remplir toutes les conditions voulues. La rue est très
bien protégée par un barrage en moellons et sacs à terre, et
l'ennemi ne peut surgir par surprise.

Après l'attaque brusquée infructueuse que nous avons tentée,
de plus en plus se fixe l'idée de l'attaque régulière. Jusqu'à ce
jour, le génie a été employé à des travaux très variés et dissé-
minés dans tout le secteur. Désormais, tous nos efforts vont être
dirigés vers l'investissement de Carency et, si on abandonne
quelques jours plus tard ces travaux de mine sur la lisière ouest,
ce sera pour reporter toute l'activité des sapeurs sur l'îlot sud-
ouest dans le but de déborder les positions allemandes et de
couper leurs communications avec la base de ravitaillement de
Souchez.

Le 26 décembre, nous commençons une amorce de mine en
galerie à l'endroit reconnu la veille. Un puits dans la cour de la
dernière maison du nord de la rue de Carency sert de départ.
Les déblais sont faciles à évacuer et à dissimuler dans la cour de
la maison, entourée de murs en maçonnerie assez élevés. Le

point de direction est la brasserie, la distance est de 60 à
80 mètres au maximum. Le terrain est complètement plat. Ce
travail est continué le lendemain sans incident.

Les tranchées et les boyaux sont dans un état épouvantable.
La pluie a transformé certaines parties en véritables marécages.
Le caillebotis n'est pas encore connu. Et on jugerait aussi
inutile d'en faire que de construire des abris, avec cette conviction que l'esprit offensif ne peut être conservé que si on ne
s'installe pas, et d'ailleurs les Allemands ne pourront tenir bien
longtemps sur notre front, croit-on encore.

Le 28, l'offensive est reprise par les chasseurs alpins entre
les Onze Arbres et le bois de Berthonval sur un terrain absolument nu, complètement détrempé par une pluie persistante.
L'artillerie fait une préparation assez complète, l'assaut est
donné par ces jeunes chasseurs, pleins d'ardeur et magnifiques
sous le feu. Les petits postes allemands se replient jusqu'à la
tranchée de résistance, devant laquelle s'arrêtent nos vagues
d'assaut, qui doivent s'enterrer rapidement sous le feu ennemi.

Dans la nuit suivante, avec des troupes du 226e d'infanterie,
on travaille à relier la tranchée Verge à la nouvelle tranchée
des chasseurs alpins. La nouvelle ligne obtenue déborde nettement le village par le sud, dans la direction du cimetière; mais
notre première ligne reste encore loin de la ligne de résistance
allemande, 200 mètres environ.

Le 29, nous travaillons avec l'infanterie à l'amélioration de
cette ligne.

L'offensive reprise dans des conditions climatériques désavan-
tageuses n'eut pas de résultats immédiats. Fut-elle inutile? L'ensemble des actions brusquées autour de Carency dans le courant
de décembre n'eurent-elles aucun résultat heureux?

Ces opérations ont conduit à des pertes sensibles. Nous
n'avons pas fait de prisonniers, et l'état moral de la troupe est
celui que des échecs successifs donnent à des hommes courageux qui ont conscience de l'insuffisance des moyens matériels

employés. Mais d'autre part l'avance obtenue assure le débordement du village par le saillant γ et en commence l'investissement. Les premières lignes française et allemande sont désormais à une faible distance l'une de l'autre et la crainte d'une surprise oblige l'ennemi à augmenter la densité d'occupation.

II

ATTAQUE PAR LA SAPE ET PAR LA MINE
PRÉLIMINAIRES DU SIÈGE

Après les essais d'offensive de décembre, on comprit qu'il fallait qu'une attaque disposât de moyens matériels puissants et que l'infanterie fût engagée avec beaucoup de discernement. Travail, organisation, méthode, allaient s'imposer impérieusement. Avec décision et promptitude, la poursuite des opérations est continuée par la sape et par la mine. L'attaque de Carency commence régulièrement. Une note du corps d'armée en fixe les dispositions. Le 31 décembre, les officiers du génie font une reconnaissance pour déterminer l'exécution des travaux d'approche. Les saillants α, β et γ seront attaqués à la mine. Une galerie offensive sera poussée à chacun de ces saillants, le plus près possible de la tranchée allemande, de manière à faire brèche dans les défenses accessoires ennemies. La galerie 1 va être poussée avec rapidité vers le saillant α.

Le 1er janvier 1915 on met en chantier cinq têtes de sape. Cinquante territoriaux élargissent les boyaux d'accès aux premières lignes ; le génie organise, outre la direction de ces derniers travaux, une plate-forme pour canon de 37 et une pour canon de 65. Il met en action deux canons de tranchée. Nos bombes sont meilleures et mieux fabriquées ; elles sont toujours notre œuvre. Sur 20 engins, 18 ont éclaté sur le parapet ou dans la tranchée ennemie. La réplique qui suivit rapidement fut une preuve certaine du mal que nous avions fait. Vers 11 heures, une bombe à mitraille allemande tombe en tête d'une sape, tue 1 sapeur et en blesse 4. Mais l'ennemi s'aperçoit que, malgré ses réactions, les sapes sont poussées avec une grande activité. Au cours de la campagne il a été souvent question de sape, et l'interprétation qui est communément faite de ce mot prouve que le public ne voit pas bien en général ce que désigne ce terme. Il s'applique à la manière d'exécuter une tranchée ou un boyau. La sape s'exé-cute pied à pied en se cou-vrant latéralement par le parapet et en avant par un masque formé par une par-tie des terres du déblai. Le mode de sape employé par nous à Carency fut la sape simple à une seule forme (*fig. 59*). Une tête de sape est composée de 8 sapeurs, divisés en 2 brigades qui se relèvent. Dans la brigade au travail, les sapeurs 1 et 2 sont munis chacun d'une pioche et les sapeurs 3 et 4 chacun d'une pelle. Les sa-peurs 1 et 2, à genoux ou accroupis, attaquent le ter-rain en avant d'eux sur la largeur et sur la profondeur

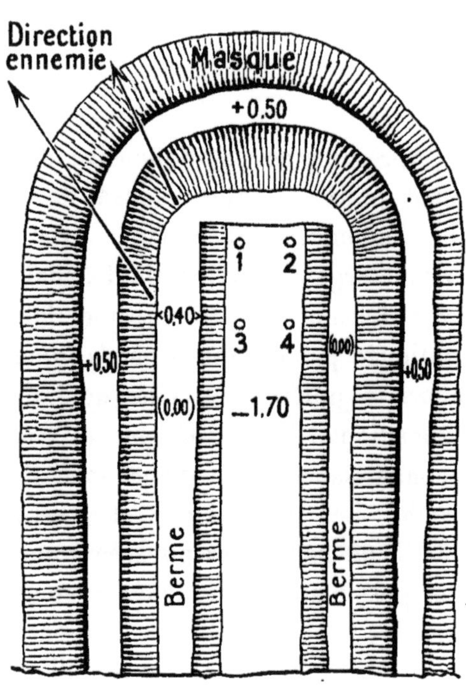

FIG. 59 — UNE TÊTE DE SAPE FIGURÉE

définitive de la sape. Ils font tomber le déblai entre leurs jambes. Les sapeurs 3 et 4, qui se tiennent immédiatement en arrière des précédents, jettent les terres piochées sur le parapet et sur le masque.

L'exécution des tranchées ou des boyaux en sape s'impose souvent et de toute manière réduit les pertes dans de grandes proportions.

Dans la nuit du 2 au 3 janvier, nous amorçons en sape les parallèles de départ. Nous sommes aidés par des territoriaux pour amélioration des sapes, élargissement des boyaux, écoulement des eaux, nettoyage et confection de pare-éclats qui deviennent indispensables. L'ennemi, inquiet de l'avancement rapide de nos travaux d'approche, réagit énergiquement; les obus causent des éboulements dans les sapes, l'infanterie souffre du feu de l'artillerie ennemie. Pendant la nuit, les Allemands lancent de nombreuses bombes dans la direction des Onze Arbres; les sapeurs de la compagnie répondent en envoyant des grenades à main et des bombes.

Dans le courant de la nuit, on décide de faire sauter les Onze Arbres, qui servent de point de repère pour le réglage de l'artillerie ennemie. Les charges sont mises en place, mais par suite du clair de lune ne peuvent être complètement achevées. Les Allemands aperçoivent les mouvements sur le terrain et les gênent par de nombreux coups de feu. Cet abatage d'arbres, en raison de la clarté des nuits, doit être remis. Dans la nuit du 5 au 6 janvier, on réussit à reprendre avec activité les travaux d'avancement dans les parallèles. Ces travaux d'approche marchent très normalement et assez vite, quoique conduits en sapes; cette lenteur est d'ailleurs largement compensée par les conditions de sécurité relative dans laquelle s'effectue le travail. L'ennemi cependant s'énerve, il sent cette fois qu'il s'agit d'une opération suivie et qui conduira à une échauffourée à issue douteuse. Jusque-là il était sûr de lui et plus tranquille; maintenant, la densité d'occupation augmente dans ses lignes, on s'en rend aisément compte par les coups de fusil plus nombreux; les fusées éclairantes fouillent le terrain toute la nuit.

Les parallèles se poursuivent à une distance de la première ligne ennemie qui varie entre 60 et 120 à 130 mètres. Les Allemands ont fait jusqu'à ce jour surtout l'amélioration de leurs tranchées; les sacs à terre commencent à apparaître sur les parapets. Des travaux nouveaux de boyaux, de doublement de lignes sont observés. L'activité de leur artillerie de tranchée se manifeste aux têtes de sape et de parallèles, principalement aux sapes qui s'avancent vers les saillants α et β et où les sapeurs subissent des pertes.

Nos comptes rendus portent pour la première fois l'envoi au cours de la nuit de 7 fusées éclairantes. Jusqu'alors nous avions laissé aux Allemands le soin d'éclairer le terrain. La fusée éclairante était encore un de ces luxes qui ne paraissaient pas faits pour nous. Quand on nous les donna, nous avions un ou deux pistolets et un nombre très limité de cartouches pour un front de division.

C'est le poste du génie dans la tranchée Mathis qui détient cet engin rare. Et pour que les fusées soient utilisées le mieux possible, on avertit l'infanterie des heures auxquelles on les tire. Les guetteurs se mettent alors sur le parapet et observent. Les premières surprirent nos ennemis plaçant tranquillement leurs défenses accessoires, habitués qu'ils étaient à avoir jusque-là le monopole de l'éclairage du terrain.

Les 6 et 7 janvier, les travaux de parallèles avancent. On entre en galerie au saillant β. On n'attend pas l'achèvement des parallèles pour entreprendre l'attaque en mines. Il faut aller vite. Et tous les travaux sont commencés simultanément. On se trouve ainsi très en l'air, et un coup de main pourrait nous surprendre. L'activité au travail maintient, il est vrai, une veille continue de tous.

Nous achevons le fort Pettelin qui est un organe pour l'artillerie. On doit y mettre du 65 de montagne.

Dans la nuit du 7 au 8, on signale des bruits de contre-mine dans l'axe de la sape II. Nous sommes très près de l'ennemi et chacun est aux aguets. Une surveillance active entretient dans l'esprit de tous la nécessité, pour atteindre le but, de ne pas oublier que l'adversaire peut agir, lui aussi. On a tout lieu de croire que le bruit signalé est très incertain. La nuit, et ce sera vrai pendant toute la période de guerre de mines qui va se développer, les écouteurs et les hommes arrivent à un pessimisme qui leur fait croire qu'à tout instant ils entendent des bruits. C'est une auto-suggestion qui fut, à certains moments, très difficile à combattre. D'ailleurs, cette sape II est une des plus difficiles à exécuter. De l'îlot sud-ouest de Carency, en montant dans le grenier des maisons, les Allemands voient dans certaines parties de la sape. Pour éviter cet inconvénient, nous faisons placer des claies au-dessus de la berme, de manière à échapper aux vues ennemies. Les Allemands s'en aperçoivent, installent une mitrailleuse dans une maison du village et réussissent à couper en deux une claie qui dissimulait les travailleurs. Ceux-ci doivent se tapir contre la paroi de tête de la sape pour échapper au tir fichant de la mitrailleuse.

Pendant cette période de travaux d'approche la pluie tombe d'une manière continue et tous nos travaux en sont considérablement gênés. Les sapes se recomblent au fur et à mesure qu'on les établit; les parallèles s'effondrent, et à certains moments il est difficile de lutter contre le découragement des hommes qui, traversés par l'humidité, imprégnés de boue, rejettent pendant des heures sur le terrain une pâte brunâtre dont une partie leur retombe dans le cou et les éclabousse de tous côtés.

Le 8, il faut faire uniquement le nettoyage des sapes et des galeries, qui sont complètement envahies par l'eau. L'ennemi continue à nous bombarder activement et rend les travaux de jour très difficiles. Il voit s'approcher l'attaque et il la craint visiblement. Depuis quelques jours apparaît sur ses parapets une accumulation de défenses accessoires inconnues jusqu'alors; des hérissons de grandes dimensions sont placés sur plusieurs rangs et reliés les uns aux autres; des instruments aratoires, des objets de toutes sortes sont amoncelés en avant du parapet de première ligne.

En raison du bombardement de l'artillerie ennemie, les travaux sont surtout poursuivis de nuit. De jour, le nombre des blessés augmentait dans de trop fortes proportions.

La pluie continuelle est un autre élément de gêne très sérieux. L'état des boyaux de communication est lamentable, et pour se rendre à leur poste, travailleurs ou guetteurs doivent se mettre à l'eau jusqu'à la ceinture. C'est une inondation complète. Les travaux continuent cependant malgré toutes ces difficultés.

Le 18, le travail est arrêté dans les sapes du saillant β de 13 à 15 heures; celles-ci sont évacuées pour permettre le bombardement par l'artillerie des tranchées ennemies de première ligne.

Dans le courant de la nuit, on a entendu piocher en avant et à droite de la galerie 1, à peu près au même niveau que celui que nous avons atteint en tête de galerie.

III

ENGAGEMENT DE LA GUERRE DE MINES [1]

§ 1. — *Coup de main sur le saillant α.*

L'accrochage à la mine va commencer devant Carency et il se produit à une période très défavorable. Les travaux offensifs, qui nous ont occupés constamment, n'ont pas permis l'exécution de travaux d'installation. Nous sommes donc sans abris, sans moyen d'écoulement des eaux, dans une situation très médiocre, au moment où il va falloir engager la guerre de mines, puisque les écoutes nous annoncent que l'ennemi est en train de répondre à nos travaux.

Les bruits constatés dans la matinée du 19 à la galerie 1 sont encore perçus dans la nuit à diverses reprises, mais ils ne donnent pas l'impression d'un travail continu.

Toute cette période de travaux offensifs devant Carency fut une période particulièrement pluvieuse, et constamment dans les comptes rendus reviennent les termes : éboulement, nettoyage, épuisement, etc.

A la suite de la fonte de la neige qui s'était mise à tomber et après de nouvelles pluies, des infiltrations se produisent de toutes parts. Par plaques énormes, la terre se détache des parois des boyaux et des tranchées et se délaie dans le fond avec l'eau qui y séjourne. Certaines parties sont complètement obstruées. La circulation devient presque impossible.

---

(1) Dans la guerre de mines de Carency on a employé la demi-galerie, qui a une hauteur de 1^m50 à 1^m70 et une largeur de 1 mètre, et le rameau de combat, qui a une hauteur de 80 centimètres et une largeur de 70. La demi-galerie est désignée par la lettre G suivie d'un numéro d'ordre : G_1, G_2, G_3... Le rameau de combat s'appelle R_a, R_e... Un puits est désigné par la lettre P suivie d'un numéro d'ordre P_5.

γ R_e par exemple veut dire rameau de combat *e* du saillant γ.

De part et d'autre on est maintenant inquiet. Les parallèles sont à distance d'assaut et il est admissible que l'offensive puisse être fixée par nous ou nos adversaires à la suite d'un tir d'artillerie. Aussi, dès que l'une des deux artilleries prend l'initiative du tir, immédiatement l'autre réplique. Dans la journée du 21, il y eut un duel, qualifié violent à cette époque, de 11ʰ 30 à 16 heures, interrompant la circulation et causant des éboulements.

La canonnade de la journée a laissé une atmosphère d'énervement, qui se traduit au début de la nuit par l'envoi, surtout du côté ennemi, d'une plus grande quantité de fusées éclairantes. Vers 3ʰ 45 du matin, le 22, une légère fusillade se déclenche entre les sapes I et II, où les lignes sont très rapprochées.

Les écoutes dans la galerie 1 n'ont pas signalé d'autre bruit que celui paraissant provenir de l'enfoncement de piquets, perçu, vers 2 heures du matin, en avant de la tête du rameau 1, à droite et en haut.

Tout en assurant les travaux du secteur, travaux d'approche et travaux de mines, la compagnie divisionnaire du génie continue la fabrication de bombes et de pétards-raquettes, qui sont de plus en plus employés. On confectionne également des claies et des fascines, qui, à défaut de sacs à terre en quantité suffisante, servent aux revêtements des tranchées et des boyaux,

A la galerie 1, deux hommes en observation ont entendu par intermittence des bruits de pic, frappant sur de la craie à une distance de 7 mètres environ de l'extrémité du forage fait dans la direction du bruit entendu dans la nuit du 18 au 19 janvier. Ce forage avait 6 mètres de longueur. La surveillance devient de plus en plus active. L'ennemi se prépare à riposter à notre initiative.

A côté de notre poste de commandement installé dans une petite sape débouchant dans le parados de la tranchée Mathis, on a installé un emplacement qui servira de parc du génie. C'est là que sont rassemblés les explosifs, les bois, le matériel divers, encore bien rudimentaire et reçu en faible quantité.

Ici se place le premier incident de la guerre de mines et qui va désormais la déchaîner d'une manière précise. Dans la galerie 1, les bruits de pic sont perçus de plus en plus distinctement et on arrive même à craindre que l'ennemi ne débouche dans notre galerie.

Ordre est donné de charger le forage exécuté depuis plusieurs jours dans la direction des bruits avec 10 kilos de cheddite et de faire exploser. A 11 heures, la mise de feu est faite et détermine l'explosion du camouflet. Aucune constatation extérieure n'a suivi cette détonation, rien d'anormal dans notre galerie. D'ailleurs, 10 kilos d'explosifs, c'était une bien faible charge. Deux mois après, ce sont des centaines de kilos qui seront employés dans les mêmes conditions.

Un coup de main effectué quelque temps après nous donne la certitude que cette explosion avait tué et blessé quelques pionniers ennemis. Ce premier essai a mis l'adversaire en éveil, et c'est le moment d'activer tous nos travaux de mines.

Les difficultés matérielles sont grandes et l'exécution des rameaux et des galeries rencontre des obstacles considérables. Tout d'abord les bois de châssis, les planches de ciel et de coffrage, les châssis de combat, sont difficiles à amener à pied d'œuvre. Ce matériel, ainsi que celui destiné à l'infanterie, est apporté sur voitures par la route Villers-au-Bois—Carency, jusqu'à un barrage à hauteur du boyau d'Espagne. Ce dépôt est connu et vu de l'ennemi, surtout de ses observatoires de la cote 125. Les voitures n'y peuvent accéder que la nuit; et encore le bruit qu'elles font, ainsi que celui produit par le déchargement des matériaux, est entendu des Allemands qui tirent continuellement des coups de fusil dans cette direction.

De ce dépôt il faut faire environ 800 mètres dans les boyaux pour arriver aux travaux de mines. Tous les matériaux sont pris à l'épaule et transportés ainsi à pied d'œuvre; ceci exige un grand nombre de travailleurs. Des territoriaux très sérieux et réguliers dans leur travail nous sont d'un précieux secours pour l'exécution de ces corvées.

Nous sommes au 29 janvier, on sent que l'attaque est ajournée définitivement, les préparatifs sont sans doute incomplets. Il n'est pas douteux que, pour obtenir le succès, il faut d'importants moyens matériels. Enfin, le temps très mauvais dans cet hiver 1915 n'incite pas les troupes à l'offensive.

Pour la première fois, il est question, dans les notes de cette époque, de chevaux de frise. Depuis longtemps déjà, la tranchée de première ligne allemande a une couverture de grands chevaux de frise, dont nous avons donné la description dans la première partie de cet ouvrage. Le 29 janvier, nous en plaçons 73 devant la tranchée Culmet et 70 devant la tranchée Thobie. Cette dernière est améliorée, élargie et approfondie. On fait le boisage de la banquette de tir et des gradins de franchissement. A la galerie 6, on rencontre des difficultés de creusement dues à la présence de gros blocs de grès qu'on doit contourner. A la suite de cet incident, la différence de niveau entre l'attaque et l'extrémité de la galerie n'a pu être augmentée, elle reste de $3^m 4o$.

Le chargement de la chambre de mine est effectué avec 200 kilos de poudre noire et le bourrage est commencé; il a atteint $3^m 5o$ de longueur et comprend déjà deux masques, le 30 à 6 heures; mais l'opération est alors ralentie par les difficultés d'aération. Les trois galeries projetées ont maintenant chacune un fourneau de mine prêt à exploser. Ce sont : la galerie 1 devant le saillant α avec un fourneau chargé de 225 kilos de cheddite, la galerie 4 devant le saillant β, avec un fourneau chargé de 200 kilos de poudre noire, et la galerie 6, devant le saillant γ, avec un fourneau chargé de 200 kilos de poudre noire.

A la galerie 1, on entend par intervalles des bruits d'enfoncement de piquets et de coups de pic à droite et en avant du masque. Ces bruits sont assez éloignés et peuvent provenir de la tranchée ennemie.

A la galerie 4, aucun bruit n'est signalé. A la galerie 6, des bruits d'enfoncement de piquets sont signalés.

Les opérations offensives immédiates étant définitivement

retardées, on songe à s'installer, et pour cela il faut des claies, des fascines, des piquets, des caillebotis. On veut aussi se mettre à l'abri d'un coup de main ennemi; des hérissons, des réseaux de fils de fer, sont nécessaires. On s'adresse donc au génie, qui aussitôt crée des ateliers et oriente son activité vers ces nouveaux besoins, et s'emploie à les satisfaire. Cette bonne volonté des sapeurs est bien reconnue des fantassins, qui ont pu constater la rapidité d'exécution des travaux. Ces sapes, ces parallèles exécutées de jour comme de nuit dans des conditions souvent précaires et avec des pertes assez sensibles, n'ont pas été faciles à mener jusqu'à achèvement complet. Les mines ensuite, ces trous où l'on disparaissait pour des heures entières en avant de la première ligne, tout cela demandait du labeur, des efforts et du courage.

Ces exigences nouvelles d'amélioration du secteur vont interrompre pendant quelque temps les travaux de mine.

Dans la nuit du 30 au 31, aucun bruit n'est entendu aux galeries 4 et 6. A la galerie 1, des bruits de boisage sont perçus en avant et légèrement à droite. L'ennemi répare sans doute l'entrée de la galerie endommagée par le camouflet que nous avons fait exploser il y a quelques jours.

Le 2 février, dégel et pluie, et de nouveau les tranchées et les boyaux sont dans un état épouvantable.

De 9 heures à 11ʰ30, les Allemands bombardent les entrées de la mine 4 et de la sape VI, qui ont été bouleversées par des projectiles de minenwerfers et des grenades à fusil. Des bombes sont tirées également dans la direction de la sape II.

Pour tous ces motifs, les travaux aux saillants β et γ sont ralentis, et le transport des matériaux dans les boyaux est rendu très difficile. L'artillerie française répond par quelques rafales assez intenses, de 14 à 15 heures, et l'ennemi est ensuite très calme.

Des bruits de contre-mine ennemie sont entendus à différentes reprises à la galerie 1, entre 9 et 16 heures.

Jusqu'à cette époque, l'investissement de Carency était assuré vers la partie sud et sud-ouest par les tranchées Culmet et Thobie. Entre ces deux tranchées restait un vide assez important que l'on avait décidé de garnir par une tranchée en tête de marteau. On la commence à l'extrémité de la sape IV et on fait un avancement à droite de 7 mètres et à gauche de 11 mètres. Ces travaux se font en sape et sont exécutés par les sapeurs.

Dans le parados de la parallèle à gauche de la sape IV, on commence l'établissement d'une plate-forme pour canon de 58 ; dans la tranchée Thobie, on exécute également une plate-forme pour canon de même calibre. Cet excellent engin va donc faire son apparition sur le front de Carency et rendra des services importants à l'attaque du 9 mai.

Le canon de 58 est un engin de tranchée très pratique. Il est léger, facile à installer et il n'exige pas de grandes plates-formes. Jusqu'alors les canons de tranchée étaient, comme nous l'avons vu, plutôt rudimentaires. Les bombes, mal réglées comme éclatement, avaient, malgré tout, permis de répondre aux minenwerfers allemands, qui devenaient de plus en plus nombreux. Il était curieux de voir les sapeurs artificiers se déplacer dans les tranchées et les boyaux, avec leur canon sous le bras et leur sac de bombes sur l'épaule. Les fantassins s'en amusaient, mais, à cette époque, il n'y avait pas d'autre moyen de répondre effectivement aux bombes ennemies, en attendant que l'intérieur envoyât des engins plus perfectionnés.

Enfin, le canon de 58 répond bien à nos besoins, et on commence à en envoyer sur le front. L'obus à ailettes est tout à fait spécial comme forme et nous laisse l'impression très encourageante d'un produit national. Cette fois, nous n'attendons pas que nos ennemis aient adopté une idée ou un engin pour les imiter.

Le retard de l'attaque de Carency est-il dû à cette persuasion, qu'a désormais le commandement d'une préparation matérielle, à l'échelle des moyens de défense opposés par l'adversaire ; ou bien est-ce les intempéries, les difficultés et les souffrances sans nombre causées par cet hiver pourri qui en font retarder le déclenchement? La manière dont plus tard s'exécutera l'attaque, et celle surtout dont tout aura été prévu, laisse croire que nous sommes bien en face de la prévoyance du commandement, et que cette reprise en main de tout et de tous est dû à la réflexion et à une volonté éclairée.

Depuis plusieurs jours déjà nos trois fourneaux de mine sont prêts. Ils étaient faits pour appuyer un mouvement en avant et il se trouve maintenant que la mise de feu est ajournée *sine die.* Que va-t-on faire de ces fourneaux? Nous en sommes assez embarrassés. Nous devons en assurer la garde, et en cas de coup de main ennemi en déterminer l'explosion. C'est une grosse responsabilité. L'amorçage de nos fourneaux était assuré par des moyens pyrotechniques, détonateur, cordeau détonant, détonateur et mèche lente. Ce mode d'amorçage a certains avantages sur l'amorçage électrique, mais en l'occurrence nous aurions donné la préférence à ce dernier système.

Le cordeau détonant est en effet très fragile et, même protégé dans des augets, il peut se rompre assez facilement. Le secteur de Carency, surtout sur le front ouest et sud-ouest, est devenu très malsain. Nos travaux d'approche nous ont conduits à distance d'assaut de la ligne allemande depuis longtemps déjà, et nous avons eu largement le temps de faire des fourneaux de mine; mais les points particulièrement visés par les engins de tranchée ennemis sont précisément ceux où se trouvent nos départs de galerie de mine. Certaines bombes de minenwerfers allemands sont de gros calibre, elles s'enfoncent assez profondément dans le sol et déterminent un entonnoir énorme. Si le lecteur veut bien se reporter aux explications données dans la première partie de ce livre, il verra que l'ellipse de rupture limite est considérable pour un obus de gros calibre qui s'enfonce à 2^m5o ou 3 mètres. C'est le cas des « gros cigares » que nous envoie l'ennemi. Notre cordeau détonant risque à chaque instant de se trouver dans le rayon d'action d'une explosion et d'être coupé. Or, à l'intérieur du bourrage on ne peut contrôler s'il existe une solution de continuité. Cette situation nous donne de grandes inquiétudes. Elle est d'ailleurs la suivante aux trois saillants où se trouvent placés nos fourneaux.

A la galerie 1, on entend toujours travailler les Allemands, et ils s'approchent d'une manière inquiétante. Il va falloir agir sans délai. Aux galeries 4 et 6, rien d'anormal, le bombardement continue régulièrement de jour et de nuit et nous montre que, sans aucun doute, nous avons amené devant nous une densité d'occupation qui sera d'ailleurs confirmée dans la suite.

On décide de faire un camouflet à la mine 1 ; on fait un forage et on le charge de 10 kilos de cheddite. Il faut une faible charge pour éviter de détruire les amorçages du fourneau.

Le 6 février, à $9^h 20$, on fait la mise de feu du camouflet. Nous saurons plus tard qu'il a encore fait des victimes. C'est le deuxième que nous mettons en action pour protéger notre fourneau de mine qui court des dangers, non seulement de la part de l'ennemi, mais aussi de l'action de nos propres moyens de défense.

L'explosion du fourneau α est décidée. Un coup de main auquel prendront part des volontaires du 226e et des sapeurs suivra l'explosion de la mine. Dans le courant de la nuit, les hommes se mettent en place ; au matin, il fait un temps brumeux, complètement noir. A $4^h 45$, on fait la mise de feu ; quelques instants après, la déflagration se produit, et sous les décombres de terre qui retombent partent fantassins et sapeurs. L'entonnoir est occupé pour empêcher l'ennemi de contre-attaquer immédiatement. Des détachements se rendent dans les tranchées et les boyaux aboutissant à la partie bouleversée par l'explosion du fourneau. Un certain nombre d'abris exécutés dans le parapet ont été écrasés, et on entend des plaintes ; plusieurs Allemands qui se sauvaient sont tués ; les abris les moins endommagés sont nettoyés, et tous les volontaires rentrent dans nos lignes avec quelques prisonniers. L'opération a été vite menée et a donné un

très bon résultat. Au petit jour, on peut voir les effets du fourneau. Un entonnoir d'une quinzaine de mètres de diamètre se
raccorde à la tranchée ennemie dont les défenses accessoires
ont disparu. La journée est très agitée, et, pour la nuit suivante,
on renforce considérablement le service de garde aux fourneaux 4
et 6 ainsi qu'à la galerie 1.

C'est une des premières nuits où il se tire autant de fusées
éclairantes de part et d'autre. Une fusillade intermittente assez
violente se développe par instants aux abords de la galerie 1.

Le 8, les Allemands font sauter une mine en avant de l'extrémité de la sape II. Elle n'occasionne aucun dégât dans notre
tranchée, mais c'est pour nous un avertissement précieux. La
guerre de mines est engagée, et l'ennemi, avec sa méthode habi-
tuelle, va la développer et la poursuivre avec acharnement. A
nous d'être sur nos gardes et de ne pas perdre l'avance obtenue.

La tranchée Culmet est dans toute sa longueur, 3oo mètres
environ, à une distance variant de 35 à 6o mètres de la
première ligne ennemie. C'est très près, et cette explosion d'un
fourneau allemand, qui s'est produite à 16 heures, nous confirme
l'existence de galeries ennemies, que nous soupçonnions déjà
depuis les renseignements fournis par les hommes ayant pris
part au coup de main sur le saillant α.

Nous n'avons qu'une galerie de départ, la galerie 1, et
l'ennemi en a certainement un assez grand nombre. On décide
de faire des forages en avant de notre première ligne, de manière
à produire des camouflets qui formeront des poches de compression difficiles à traverser parce qu'elles seront constituées par un
terrain friable et bouleversé et aussi parce qu'elles seront
imprégnées de gaz délétères. De nombreux forages sont donc
entrepris tout le long de la tranchée Culmet; ils sont chargés
aussitôt prêts et la mise de feu suit immédiatement. Cette solution purement défensive ne donne pas les résultats qu'on aurait
pu en attendre; mais les forages servent d'écoutes, et des incidents se produisent qui augmentent la vigilance de tous. Au

forage 8, le 10 février, on entend vers 7 heures le bruit d'un outil frappant contre le terrain à 8 ou 10 mètres en avant de la tranchée Culmet. Au forage 9, on ressent une secousse souterraine vers 16 heures; le 11, à 2 heures du matin, on perçoit le bruit d'un outil à peu près dans la direction et à la distance reconnues précédemment; vers 7 heures le même bruit est encore entendu.

FIG. 60 — SCHÉMA DE L'ATTAQUE D'UN SAILLANT PAR LA SAPE ET PAR LA MINE

Sur ces entrefaites, l'ordre est donné de préparer des attaques en mines sous le dédale des retranchements ennemis en β et γ.

Le point de départ de certaines des nouvelles galeries : G_5 à β, G_7 à γ (*fig. 60*), est pris en arrière de notre première ligne, de manière à :

1° Atteindre par un enfoncement progressif une profondeur suffisante sans pente trop rapide;

2° Passer au-dessous des organisations défensives ennemies, résultat qui ne fut obtenu que partiellement, en raison de l'avance des contre-mines allemandes, qui s'avançaient déjà plus loin que nous ne le pensions.

Le 14, les sapes, les tranchées et les boyaux sont en très mauvais état, principalement dans la région des Onze Arbres. La pluie ne cesse pas de tomber et, sur ces pentes descendantes de la cote 124, nos tranchées servent de drains et reçoivent toutes les eaux d'infiltration.

FIG. 61 — EXÉCUTION D'UN FORAGE A LA BARRE A MINE DANS LA DIRECTION DES BRUITS ENTENDUS

Au cours de la journée, à la galerie 1 on entend à plusieurs reprises le bruit d'un outil frappant sur du bois dans la direction de la galerie, mais à une assez grande distance en avant : 10 à 15 mètres.

A minuit, les Allemands ont fait exploser un fourneau qui a produit un entonnoir dont le centre se trouve approximativement à droite de la galerie 1 et à hauteur de notre premier chargement qui a joué le 7 février. Ni la galerie 1 ni la tranchée Culmet n'ont souffert de cette explosion.

Ces indices d'activité souterraine ennemie et surtout cette dernière manifestation montrent le désir de l'adversaire de reprendre l'initiative et d'enrayer notre offensive souterraine. Des préoccupations immédiates de bien-être à donner aux troupes absorbent toute l'attention de l'état-major, et on demande surtout aux sapeurs des travaux de rondinage, d'assainissement de tranchées, de puisards, etc...

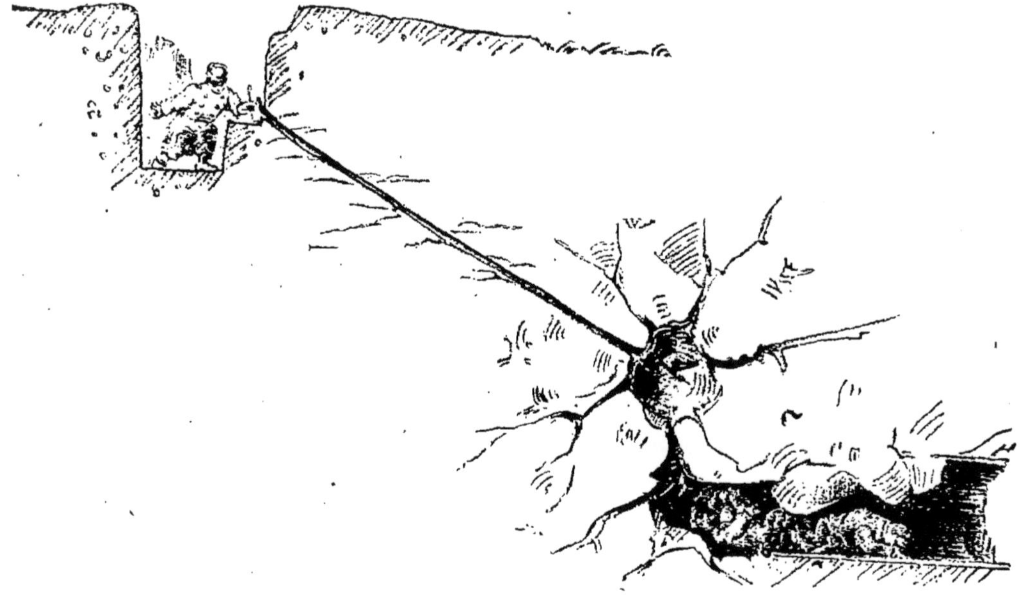

FIG. 62 — UNE CHARGE D'EXPLOSIFS A ÉTÉ PLACÉE AU FOND DU FORAGE. UN GRADÉ FAIT JOUER LE « CAMOUFLET »

Le 18, les comptes rendus ne parlent toujours que de lutte contre les eaux de pluie et d'infiltration, d'éboulements, etc. Les puisards, les caniveaux, les caillebotis sont entrepris. On retaille les parois des tranchées, on les consolide avec des gabions.

Le nombre des pétards-raquettes et des bombes tirés augmente. L'activité des engins de tranchée se développe dans de fortes proportions et correspond au travail intensif des mines.

Les écoutes signalent des bruits à droite de la galerie 1 : l'exécution d'un camouflet est décidée. Un forage de 8 mètres est aussitôt entrepris dans la direction des bruits, qui sont entendus de nouveau le 23. Le forage est terminé et chargé dans la matinée. Il joue à 9ʰ45.

§ 2. — *Développement intense de la guerre souterraine. Explosion de nombreux fourneaux français et allemands.*

Nos fourneaux 4 et 6 sont toujours chargés, et ce qui se passe au saillant α nous laisse très perplexes sur le sort de ces mines, prêtes depuis longtemps. D'ailleurs, l'ennemi développe maintenant sur les trois saillants α, β et γ toute son activité ; quant à nous, nous sommes dans une inaction effective au point de vue guerre de mines, à cause des intempéries qui nous font perdre ainsi un temps précieux. L'intervention des sapeurs est aussi réclamée de tous côtés pour l'organisation du secteur.

Ces occupations nous absorbent complètement pendant quelques semaines, et soudain un coup de main est décidé : l'explosion des deux fourneaux préparés à β et γ précéderont l'attaque. Le coup de main sera exécuté par les chasseurs à pied et les sapeurs. La préparation en est très soignée. Le 24 février, à 3ʰ45, tout le monde est en place. A 4ʰ30, on fait la mise de feu. Le fourneau β explose. La détonation ne produit pas le bouleversement attendu et de la tranchée française on n'aperçoit pas les lèvres de l'entonnoir. La nuit est des plus noires. Immédiatement une patrouille est décidée, un sergent et un caporal de chasseurs accompagnés d'un sapeur vont reconnaître si l'explosion du fourneau a eu des effets suffisants.

Arrivée sur les lèvres de l'entonnoir la patrouille est saluée par un feu de mitrailleuses et de fusils. Elle peut constater qu'il existe une brèche dans les défenses accessoires, mais l'ennemi, qui se souvient de la précédente affaire du saillant α, est sur ses gardes. D'autre part, la mise en place des troupes, les travaux qui ont précédé cette action, les conversations des hommes, aux petites distances où l'on se trouve, ont suffi pour éveiller l'attention de l'adversaire et le tenir à ses parapets.

Un coup de main est un incident tellement local, qu'il ne peut réussir que si la surprise permet de laisser insoupçonné le point où il doit se produire.

La patrouille rentre quelques instants après son départ; le sergent a déchargé son fusil sur les mitrailleurs ennemis, les coups de mitrailleuse et de fusil ont été entendus : dans ces conditions, le coup de main n'est pas déclenché.

A γ, à $3^h 45$, tout le monde est en place également. La mise de feu, comme à β, est faite à $4^h 3o$. Une partie du cordeau détonant explose sur une longueur de quelques mètres seulement. On refait, immédiatement après l'évacuation de la fumée, une nouvelle mise de feu, mais le fourneau ne saute pas. Après l'examen du cordeau détonant on constate qu'il a explosé jusqu'à l'entrée du bourrage; l'amorçage est refait en ce point, l'explosion du cordeau se propage alors jusque dans l'intérieur du bourrage, mais n'a pas encore été jusqu'au fourneau. Le débourrage étant une opération assez longue et délicate, il n'y a donc plus rien à faire et l'opération est définitivement manquée.

Dans la nuit du 24 au 25, des bruits légers sont perçus à droite de la galerie γ. Il nous faut répondre désormais à l'activité ennemie. Des galeries nouvelles et des rameaux sont mis en chantier. Les écoutes vont devenir difficiles et exiger une attention de tous les instants; leur continuité évitera seule de graves mécomptes. Il est incontestable que pour le moment nous avons perdu l'initiative, et même déjà les travaux ennemis nous menacent sérieusement.

Dans la nuit du 25 au 26, de minuit à 4 heures, on entend, à gauche et en tête de la demi-galerie 1, des bruits d'outils.

Le débourrage de la mine γ non explosée s'effectue normalement.

Le 27 et dans la nuit du 27 au 28 février, les bruits deviennent généraux. Les Allemands montrent une ténacité qui nous inquiète et qui ne peut être contre-balancée que par une volonté et un labeur constants. Il n'y a plus un instant à perdre, pas d'hésitation à avoir.

A γ, bruits de voix en avant de la galerie. Cette indication est donnée par les mineurs, qui procèdent au débourrage de la mine 6. Cette opération est des plus délicates et il est incontestable que les travailleurs ne sont pas rassurés. Cette écoute paraît assez fantaisiste. On le constatera d'ailleurs dans la suite, puisque le débourrage pourra être achevé complètement sans incident. Or, les bruits de voix ne peuvent s'entendre dans le terrain où nous nous trouvons qu'à 2 ou 3 mètres de distance.

A la galerie 1, bruits intermittents à droite de la galerie en avant du rameau.

A la nouvelle galerie β, on signale des bruits imprécis en avant et à droite.

Le 2 mars, on entend toute la nuit, en tête de la galerie 5, des coups de pioche à environ 7 à 8 mètres à gauche et au-dessus.

Le 3 mars, à la galerie 1, de 22 heures à 23 heures, on entend quelques coups frappés sur du bois.

A la galerie 4 et au rameau *e* de β, des bruits lointains sont signalés.

A la galerie 5, on perçoit des bruits à gauche. Ceux-ci ne laissent aucun doute sur l'exécution d'une galerie ennemie. On prend immédiatement des mesures pour creuser un forage dans la direction des bruits.

A la galerie 6, vers midi, pendant une demi-heure, et vers 23 heures, on entend des bruits vagues à gauche, à 5 à 6 mètres, puis 7 à 8 coups de pioche à 3 ou 4 mètres à gauche et à 1^m50 en contre-bas.

A 5^h30, le 3, l'explosion d'un fourneau allemand se produit, en face de la tranchée Culmet, entre les sapes I et II, sans dommages pour nos travaux. Le but des Allemands, qui n'est pas atteint, semble avoir été de détruire nos travaux de mine. A droite de la galerie 1, nous exécutons un rameau R_c qui, après un retour à 90°, a une direction à peu près parallèle à la demi-galerie G_1. A gauche de celle-ci, nous poussons un rameau R_b dans les mêmes conditions que R_c, de manière à essayer de reprendre l'offensive.

Aux galeries 1, 2, 3 (¹), 5 et 6, des bruits sont signalés avec précision. Nos écoutes personnelles ne laissent aucun doute. L'ennemi entreprend une guerre de mines à mailles serrées. Il veut éviter les déboires qu'il a eus et, dans ce but, il ne livre rien au hasard. Les efforts qu'il déploie vont se traduire par de l'action.

Le 4 mars, à 6ʰ 5o, l'ennemi fait exploser un fourneau sous-chargé à droite de la galerie 4. Un entonnoir de faible diamètre s'est formé. Des débris de bois provenant vraisemblablement de la chambre à poudre ennemie ont été ramassés dans la tranchée Thobie, d'autres sont visibles sur les lèvres de l'entonnoir.

A 7 heures, une deuxième explosion se produit. C'est un camouflet ennemi à gauche de la mine 6 et en avant de celle-ci. Dans les galeries de ces mines, et en particulier dans la mine 6, les châssis ont été déplacés et des éboulements se sont produits.

Malgré les fourneaux qu'il déclenche, l'ennemi n'arrête pas ses travaux et on l'entend toujours de tous les côtés.

A la galerie 1, dans la nuit du 4 au 5, on entend travailler en tête et à gauche de R_a (entre R_b et R_c).

A la galerie G_3, on continue à entendre frapper dans la craie en avant et à gauche, à une quinzaine de mètres.

A la galerie G_5, avant 2 heures du matin, on perçoit des bruits dans la direction du camouflet chargé, mais ils paraissent plus éloignés que dans la journée. On fait jouer le camouflet à

---

(1) La galerie 1 avait son point de départ dans la tranchée Culmet à gauche de la sape I. Elle était prolongée en face par le rameau a, à droite par le rameau c et à gauche par le rameau b.

Les galeries 2 et 3 avaient leur entrée au fond de puits de 8 mètres de profondeur, dont l'ouverture était située entre les sapes I et III dans le parados de la tranchée Culmet.

2 heures. Depuis l'explosion, la fumée et les gaz n'ont pas permis de rentrer dans la galerie pour écouter.

A la galerie G_6, un bruit de perforatrice à cliquet a été entendu, une bonne partie de la nuit dans la direction du forage exécuté dans la galerie. Ces bruits de perforatrice seront souvent signalés dans la suite par les écouteurs. Nous-même, nous avons souvent entendu un vague ronflement de moteur, que nous ne pouvions expliquer, mais que, pour de nombreuses raisons, nous n'attribuions pas au fonctionnement d'une perforatrice. Celle-ci, en effet, aurait conduit rapidement à l'exécution de fourneaux ou de camouflets. Or, telle n'était pas la réalité. D'ailleurs, ces bruits attribués à des perforatrices étaient perçus régulièrement et semblaient venir sensiblement des mêmes points ; et, d'autre part, nous ne voyions guère, dans les conditions où l'on se trouvait à Carency, qu'une installation électrique pour actionner ces outils, ce qui, *a priori,* paraissait peu pratique et presque irréalisable.

Quand les tranchées allemandes furent prises, ces bruits, qui nous avaient tout particulièrement intrigué, furent l'objet de recherches immédiates de notre part. Nous constatâmes alors que les Allemands avaient tout simplement des ventilateurs à main pour assurer l'aération de leurs puits et de leurs galeries. Ces sons vagues de moteurs et de perforatrices étaient dus à ces engins.

Dans la journée du 5 mars, on entend des coups de pioche.

A la galerie G_5, on a pu reprendre le travail en tête de la galerie, vers 9 heures, après la disparition des fumées. On a dû réparer le coffrage fortement ébranlé aux abords de l'explosion, avant de continuer l'avancement qui se fait maintenant dans la craie compacte.

Par suite de l'extension que prend la guerre de mines, de l'ardeur considérable que déploient nos ennemis, le commandement décide de reprendre l'initiative de l'offensive souterraine; car actuellement, nous sommes nettement, en fait, sur la défensive et nous perdons beaucoup de temps à supputer ce que peut faire l'adversaire. La compagnie du génie 14/5, compagnie de corps, vient nous relever devant le saillant α et prend le système de mines constitué par les galeries 1, 2 et 3. Son secteur se prolonge jusque dans le vallon de Carency. La compagnie 20/11 conserve les saillants β et γ.

Après la relève terminée par la 14/5, le 6 mars dans l'aprèsmidi, nous faisons encore les écoutes pour qu'il n'y ait pas de solution de continuité dans les renseignements obtenus. A la galerie G_1, à gauche de R_c, on entend à plusieurs reprises des bruits de pic. Un camouflet dirigé vers le point dangereux joue vers 8 heures du matin : on n'entend plus rien ensuite. A droite de R_c et un peu en avant de l'extrémité du rameau, à une distance de plus de 4 mètres, on perçoit encore des bruits de pic à plusieurs reprises. Ces bruits sont également signalés de G_2 et du forage 12.

À la galerie G_5 on entend frapper sur la gauche, à 7 mètres de la tête, le 7 à $5^h 30$.

Dans la journée, on entend toujours l'ennemi dans la même direction, à 8 mètres environ à gauche de la paroi et à 2 mètres au-dessus des planches de ciel, ces coordonnées étant prises par rapport à l'intervalle de la galerie située à 42 mètres de l'entrée.

Le 8, en tête de R_c de β, on commence sur la droite un rameau se dirigeant sur le point d'où proviennent les bruits entendus par G_5.

Le 9, la galerie 7 a atteint une longueur de $28^m 60$; on rencontre alors un gros bloc de grès qui obstrue une partie de la tête de la galerie, dont la section est de $1,70 \times 1,00$. Ce grès est noyé dans de l'argile. On essaie de le dégager et de le déplacer, mais il est trop lourd et trop volumineux pour pouvoir passer d'un seul morceau dans la demi-galerie. On tente de le débiter à la masse; on fait beaucoup de bruit, mais sans résultat; il faut renoncer à cette solution. On décide alors de modifier la direction de la galerie de manière à passer à côté du bloc. En exécutant ce travail, le 10 dans la nuit, à 23 heures, on arrive à une caisse située du côté droit au milieu de la hauteur de la paroi de la galerie; après examen des lieux il ressort sans aucun doute possible que nous nous trouvons en face d'un fourneau ennemi. Il faut donc agir sans délai, car aussitôt l'attention de l'ennemi éveillée, il pourrait bien faire sauter la charge. La caisse est donc dégagée du côté de l'amorçage et les fils électriques sont aussitôt coupés par un volontaire. On décide alors de placer une charge de cheddite à l'extrémité du bourrage de la galerie allemande. Après avoir retiré quelques sacs à terre, on trouve une nouvelle caisse amorcée électriquement et semblable à la première. Elle est dégagée avec les mêmes précautions, mais au moment où le sapeur volontaire pour cette délicate opération la retire, une explosion se produit. Quand on put le dégager, le sapeur était mort. On fait un barrage à l'extrémité de la galerie, pour éviter tout nouvel accident et permettre la préparation d'un fourneau qui assurera la destruction de tout le réseau défensif allemand dans lequel nous sommes tombés.

Nous sommes arrivés très fortuitement sur cette mine, et les Allemands, qui nous entendaient certainement très bien, n'avaient probablement pas déterminé l'explosion immédiatement, parce qu'ils voulaient faire un plus grand nombre de victimes sans démasquer trop vite leurs travaux défensifs. Ils auraient pu vraisemblablement réussir, sans cette rencontre du bloc de grès, car notre galerie, avec sa direction primitive, serait passée sous la leur, et comme nous avions des relais de brouette pour permettre une évacuation plus rapide des déblais, une quinzaine d'hommes auraient pu s'y trouver dans les moments de plein travail.

A la galerie G_5 de β, on entend toujours l'ennemi travailler au même endroit. Entre temps, notre secteur d'occupation a été augmenté. La 70ᵉ D. I. occupait le secteur Ablain-Saint-Nazaire et Carency, jusqu'au boyau des Béarnais. A partir de cette époque, la 77ᵉ D. I. appuie vers le sud et abandonne à la 70ᵉ D. I. la tranchée des Vitriers et aux sapeurs les galeries 8, 9 et 10, qui sont ouvertes depuis assez longtemps. La galerie 9 est la plus avancée, elle a déjà une soixantaine de mètres de longueur.

Le 11 mars, dans la galerie G_7 on place un fourneau au point où se trouvait le fourneau allemand ; le bourrage et l'amorçage sont effectués. Dans la galerie G_9, on signale des bruits de pioche en avant de l'extrémité de la galerie.

Le 12, à $5^h 15$, un camouflet ennemi explose presque sous la galerie 6. Trois travées, les n°s 4, 5 et 6, sont détruites et se trouvent à ciel ouvert. Deux mineurs sont ensevelis, le premier est aussitôt dégagé, le second l'est une demi-heure après : ils ne sont pas blessés.

Il ressort de ces notes journalières que l'ennemi nous domine nettement et que l'initiative est loin de nous appartenir. Au point de vue moral, c'est une constatation pénible, et il va falloir faire des efforts considérables pour rétablir, sans trop de pertes, la situation. Il n'est pas douteux que les Allemands ont ramené en face de nous des pionniers en grand nombre.

Dans cette même journée du 12, à 7 heures, un fourneau ennemi détruit l'extrémité de la galerie 5, à partir du quarantième mètre. Cinq mineurs sont ensevelis. Les travaux de sauvetage sont entrepris immédiatement. Simultanément, on travaille, par la galerie 4, à l'avancement du rameau R_c, qui permettra d'avoir une attaque de plus pour dégager l'obstruction de la galerie 5. Celle-ci est complètement écrasée sur une quinzaine de mètres de longueur. Or, dans ce terrain effrité, le déblaiement et le reboisage vont être longs et pénibles. Le raccordement de la galerie 5 et du rameau R_c a lieu à 18 heures.

Les mineurs ensevelis font partie d'un détachement de 80 hommes du 6e territorial, mis à notre disposition pour les travaux de mine. Ils sont commandés par le sous-lieutenant R..., ingénieur des Mines de Lens, très compétent et d'un courage inlassable. Ce détachement et son chef nous furent d'un grand secours et ils ont droit à la plus large part dans le succès qui couronna finalement nos efforts. Cette explosion, qui enterre cinq de leurs camarades, est un coup terrible et, après de longues heures de travail, on commence à douter de les retrouver vivants quand, au cours de l'après-midi, on entend des appels spéciaux, connus seulement des mineurs de Lens. Aussitôt, l'espoir renaît dans le cœur des sauveteurs et le déblaiement est repris avec une nouvelle ardeur.

A la galerie 6, on continue le déblaiement et on peut pénétrer jusqu'à l'extrémité qui est complètement bouleversée.

A la galerie 7, on charge un fourneau de 200 kilos de cheddite.

Cette journée est vraiment désastreuse pour les sapeurs. Toutes nos galeries offensives sont détruites en totalité ou en grande partie, et l'ennemi arrive près de nos tranchées. Aurons-nous le temps de rétablir l'équilibre et de reprendre du champ? Les fantassins nous apprécient médiocrement et trouvent notre voisinage peu sûr. La garnison qui se trouve près de nos têtes de galerie est inquiète et craint à chaque instant d'être enlevée dans l'espace au milieu d'une gerbe de terre et de craie. La nuit, l'énervement croît. Le travail s'en trouve ralenti; les écoutes deviennent fantaisistes et il faut faire constamment la part de l'imagination.

Nous allons traverser une période très difficile, et, on doit bien l'avouer, la confiance commence à disparaître.

Le 13 mars, on poursuit avec de grandes difficultés les opérations de sauvetage à la galerie 5. Les appels des mineurs sont toujours reconnus, mais la série d'échecs que nous venons de subir nous laisse dans un désarroi assez grand et, par instant, nous nous demandons si ce ne sont pas nos ennemis qui, pour nous attirer dans un piège, font les appels des mineurs de Lens qu'ils ont pu connaître dans cette importante cité où ils sont depuis plusieurs mois.

A 2 heures du matin, on retrouve le corps aplati d'un des soldats ensevelis; cette découverte augmente les sombres pressentiments de chacun. Le travail, malgré tout, continue avec acharnement; les appels deviennent de plus en plus distincts.

Enfin, après bien des efforts et des angoisses, on délivre les quatre autres mineurs surpris par l'explosion. Ils sont sains et saufs, mais en assez piteux état ; ils ont passé vingt-cinq heures dans la galerie effondrée et, grâce à leur sang-froid et à leur courage, ont avancé leur délivrance en se frayant à travers l'éboulement un passage de 3 à 4 mètres de longueur.

Aussitôt la galerie dégagée, un fourneau de 200 kilos de cheddite est placé à l'extrémité. On entend travailler à la pioche, à gauche du fourneau préparé, à 6 ou 7 mètres de hauteur et au même niveau que notre galerie. L'ennemi, pendant nos travaux de sauvetage, a donc repris le travail dans la galerie qui lui a servi à couper la nôtre, et il prend de la profondeur pour gagner du terrain et avancer vers notre première ligne. La situation est donc encore critique.

A la galerie G_7, on achève le bourrage du fourneau mis en place et on le fait exploser à $14^h 30$. L'ennemi ne fait aucune manifestation.

A la galerie G_8, on entend quelques coups de pioche lointains et très à droite.

A partir de cette époque, la guerre de mines de Carency prend une intensité extraordinaire, et elle va être marquée par une activité soutenue de part et d'autre et par des incidents journaliers de toutes sortes.

Le 14 mars, on achève le bourrage du fourneau de la galerie 5. On le fait avec beaucoup de soin et sans bruit, car les Allemands poursuivent leur avancement sans prendre de précautions. Ils croient nous avoir arrêtés dans la galerie 5 et ne paraissent pas se soucier de faire des écoutes. Leur travail est continu et violent. Le bourrage de notre fourneau a une longueur totale de 9 mètres avec cinq masques en bois fortement contrebutés contre les châssis. Nous voulons cette fois écraser l'adversaire, pouvoir, aussitôt après l'explosion, reprendre l'offensive dans cette galerie. Pour cela, il faut un bourrage très bien fait, de manière à endommager le moins possible nos propres travaux.

Aussitôt celui-ci terminé, on procède à l'amorçage, on fait sortir tous les mineurs des galeries, on alerte l'infanterie. L'écouteur placé dans le rameau à droite de R_e signale qu'il a entendu jusqu'à sa sortie des bruits intensifs de travail ennemi. On fait la mise de feu à $16^h 20$. Une gerbe majestueuse de terre et de fumée monte en l'air et retombe avec fracas. Aussitôt, branle-bas et cris dans la première ligne ennemie. Ces effets dûment constatés relèvent le moral de tous. Il ne faut plus, désormais, nous laisser devancer dans la mise en œuvre des camouflets ou des fourneaux.

A la galerie G_4, à $1^h 30$, bruits de forage ennemi à droite de la galerie. La nature du bruit est incertaine, mais immédiatement un forage est exécuté dans la paroi de notre galerie correspondant à ces bruits, et, en outre, on commence le chargement d'un fourneau au bout du rameau qui prolonge la demi-galerie.

A la galerie G_6, on remet en état les châssis éboulés par le camouflet allemand. On commence l'attaque d'une nouvelle galerie 6 *bis* dans la tranchée Thobie, à gauche de la galerie 6.

A la galerie G_7, on effectue le débourrage de manière à reprendre l'avancement et poursuivre une galerie offensive.

A la galerie G_9, continuation des trois rameaux d'écoute en tête de la demi-galerie.

Le 15 mars, on effectue la réfection de la galerie 5 légèrement endommagée après l'explosion d'hier, et on pousse avec énergie le débourrage de manière à aller de l'avant.

A la galerie 4, on continue le forage commencé hier. A $4^m 80$, la barre à mine est bloquée et il est impossible d'aller plus avant ni de la dégager. On commence immédiatement un nouveau forage à 1 mètre du premier et, à 4 mètres, la barre à mine est encore coincée et il est impossible de la retirer. Cet accident s'explique dans ces terrains au sous-sol crayeux dans lequel se trouvent noyés des rognons de silex. Quand la barre arrive sur un silex, elle le fait dévier d'abord et, en continuant le forage, elle finit par être serrée au point de ne plus pouvoir être retirée.

Dans cette guerre de mines qui prend de plus en plus d'extension, nous ne nous bornons pas à faire des galeries, des rameaux, des fourneaux et des camouflets, nos artificiers continuent à lancer, jour et nuit, des bombes, des raquettes et des fusées éclairantes.

Le 16 mars, on commence deux rameaux nouveaux dans les galeries en cours. A la galerie G_4, on termine le chargement d'un fourneau en tête de R_b, on le fait exploser à $22^h 30$ sans incident. A R_e de γ, forage, chambrage et chargement d'un camouflet en tête du rameau. Il explose à 21 heures.

A la galerie G_6, la réparation est achevée sur 12 mètres de longueur, on amorce deux rameaux perpendiculaires à la galerie.

A la galerie G_7, on termine la réparation du dernier intervalle et on amorce également deux rameaux perpendiculaires à la galerie.

Le principe va donc être de se couvrir par une parallèle souterraine à une distance de 20 à 30 mètres de la tranchée et de continuer en même temps les antennes offensives.

Nos sapeurs et nos mineurs reprennent le dessus; les écoutes sont encore incertaines et laissent deviner un état général de crainte. On signale des bruits de perforatrice en tête et un peu à droite de G_4, à deux reprises différentes. A gauche de la galerie 6, vers 17 heures, des bruits vagues sont perçus. Il en est de même à droite et en tête de G_8.

La période de défensive qui nous avait été imposée et la réparation de nos galeries et rameaux démolis sont terminées. L'offensive reprend nettement et nous allons gagner du terrain d'une manière régulière.

Le 17, à la galerie G_9, on entend une dizaine de coups de pioche, assez loin en avant et à gauche du rameau de combat du milieu.

Le 18, la galerie G_4 est débourrée jusqu'à l'entrée des rameaux. A la galerie G_5 on débourre et on réfectionne les boisages. On atteint le point $39^m 50$, on arrive au rameau R_c.

A la galerie G₇ dans le rameau R_c, on prépare un fourneau de 200 kilos de cheddite, on le bourre et on le fait exploser à 17ʰ20. La commotion a été très violente. Ce sont des bruits entendus dans la matinée qui ont motivé l'exécution immédiate du fourneau. La galerie 6 a légèrement souffert de l'ébranlement produit. Dans la nuit on commence le débourrage.

A la galerie G₉, on perçoit des bruits à droite du rameau de tête, à 12 mètres ou 15 mètres en avant.

A R_e de β, en tête du rameau à droite, on entend frapper à plusieurs reprises à 4 ou 5 mètres de distance.

Le 19 mars, à la galerie 4, on a terminé R_c sur 10 mètres de longueur.

A la galerie 9, on charge un fourneau de 50 kilos de cheddite. La mise de feu est faite à minuit.

A la galerie G₅, on arrête le débourrage et la réparation au quarantième mètre, et on entreprend le débourrage de R_c.

A R_e de β, des bruits sont signalés plusieurs fois. Immédiatement les dispositions sont prises pour charger un fourneau de 500 kilos de cheddite. Nous commençons à avoir nos travaux en meilleur état, et pour ne plus laisser d'initiative à l'ennemi, il faut l'assommer. Surpris en plein travail, il le reprend avec crainte et hésitation. D'ailleurs, pendant une certaine période, nous fîmes à nos dépens l'expérience de cette mentalité ; la décision vaut mieux quand elle agit. Nous détruisions nous-mêmes une partie de nos galeries, mais nous reprenions aussitôt la réparation et l'avancement pendant que l'ennemi se ressaisissait et élaborait un nouveau programme.

Les fourneaux deviennent de plus en plus importants. Nous sommes arrivés à 500 kilos, qui représentent une vingtaine de caisses de cheddite. Il faut les transporter dans les boyaux, les amener dans la première ligne. Or, toutes les entrées de galerie et leurs abords ont été repérés par l'ennemi, qui envoie dans ces parages des grenades à fusil, des bombes, des projectiles de minenwerfers et des obus. La préparation d'un fourneau, en dehors de l'exécution de la galerie, exige donc bien de l'attention et des efforts.

Habituellement, les caisses étaient placées directement dans la chambre de mine. Pour activer la mise en œuvre des fourneaux, nous vidons maintenant les caisses et nous plaçons seulement les paquets de cheddite au fond de la galerie. De cette manière, une même quantité d'explosif occupe moins d'espace et la mise en place va plus vite, surtout dans les rameaux de 0,70 × 0,80 de section, où les mouvements ne sont pas faciles. Or, la plupart des mines sont placées à l'extrémité de rameaux semblables, appelés rameaux de combat.

Commencé dans l'après-midi du 19, le fourneau explose le 20 à 4ʰ 15. Il agit dans un terrain déjà complètement bouleversé. Il fait un fracas considérable. A cette heure de la nuit, où la crainte des coups du main est la plus vive, l'émoi est immédiat dans les tranchées ennemies et une vive fusillade se déclenche aussitôt. Elle dure cinq à six minutes, puis tout rentre ensuite dans le calme.

La guerre de mines est engagée à fond sur tous les saillants; ne va-t-elle pas prendre encore une importance plus grande? Les Allemands ne vont-ils pas, maintenant que nous reprenons l'initiative sur les saillants de la première ligne où ils nous avaient fait reculer, pousser des galeries vers les courtines? La tranchée Culmet est tout entière le théâtre d'une lutte à outrance. Elle domine un profond ravin que forme l'ensemble des entonnoirs qui se sont successivement produits. Cette tranchée ainsi que la tranchée allemande couronnent de leurs sacs à terre cet immense ravin, et c'est constamment une lutte à la grenade par-dessus cet abîme.

La tranchée Thobie, quoique plus éloignée de la tranchée allemande, ne sera-t-elle pas l'objet de l'attaque des galeries ennemies?

Dans cette crainte, et aussi dans le but de donner à la guerre de mines une activité plus grande, des rameaux nouveaux sont amorcés et vont être poursuivis.

Dans la journée du 22 mars, les écoutes signalent des bruits à gauche de l'embranchement en demi-galerie commencé à droite de la galerie 7 et à 3 mètres environ en dessous.

Désormais, en raison de l'intensité du travail développé de part et d'autre, il faut s'attendre à ce que la guerre de mines gagne de la profondeur. Si nous en restons à nos galeries dont le point de départ est dans la première ligne ou légèrement en arrière, nous pouvons être surpris par des mines ennemies plus profondes que les nôtres. D'autre part si, à la suite d'un coup de main heureux, les Allemands s'emparaient de notre première ligne, il ne nous resterait plus rien de tous nos travaux qui ont déjà un développement considérable. Dans ces conditions, le commandement fait intervenir deux compagnies nouvelles du génie, la 4/8 et la 9/2 territoriales, et en face des saillants α et γ, les plus menacés par une attaque éventuelle, on commence des galeries : cinq devant α, et deux Meunier et Guerry devant γ. Ces galeries ont leur point de départ très en arrière de la première ligne, de manière à passer sous celle-ci à une cote variant entre (-15) et (-20). D'autre part, dans la tranchée Augier, on pousse vers le saillant δ les galeries G_{11}, G_{12} et G_{13}. Enfin la courtine de la tranchée Thobie entre β et γ doit être couverte par les rameaux R_v, R_{vi}, R_{vi} *bis*, R_{vii}, R_{viii} *bis*, R_{viii}.

Le 23 mars, rien de particulier à β : le travail est normal.

A γ R_e, on aménage l'extrémité en demi-galerie pour attaquer le rameau de combat. On exécute un forage presque vertical à l'entrée de R_e, on le charge de 50 kilos de cheddite, de manière à produire un camouflet. La mise de feu est faite à $2^h 55$.

A la galerie G_6, on continue l'avancement dans les rameaux R_b et R_c (¹). A $13^h 15$, l'explosion d'un fourneau allemand nous surprend complètement en tête et à gauche de G_6. Il détruit

---

(1) R_b et R_c, rameaux de combat, situés à l'extrémité de la galerie G_6 à droite et à gauche. Détruits soit par nos explosions, soit par les fourneaux allemands, ne figurent pas sur le plan d'ensemble.

partiellement la galerie et ensevelit trois hommes. Aussitôt le premier trouble passé, on entend les appels des sapeurs enterrés et on a grand espoir de les sauver. On se met au travail immédiatement et, après quatre heures d'efforts, on réussit à les dégager. Cet insuccès des fourneaux allemands s'explique par l'emploi de charges trop faibles. Après la prise des lignes ennemies, on put trouver dans un journal de mines allemand les indications complètes concernant les charges employées. Leurs explosifs n'étaient pas, il est vrai, les mêmes que les nôtres. Les caisses, que nous avons réussi à leur prendre au cours de la guerre de mines, contenaient de la poudre noire en gros grains. L'amorçage était fait électriquement. L'emballage et tout le système d'amorçage étaient très soignés et devaient exiger un temps assez long. C'est ce qui expliquera peut-être, avec l'insuffisance de chargement, l'avance perdue rapidement dans la suite par nos ennemis.

Un fourneau, placé par eux à 7 mètres de profondeur, était chargé à 130 kilos. Pour produire un effet de destruction complet, il aurait fallu 450 kilos environ. Les charges employées par les mineurs allemands étaient sensiblement inférieures du tiers aux charges habituelles des fourneaux ordinaires.

Il n'en est pas moins vrai que, quoique limité et sans effet sur notre personnel, ce fourneau avait eu des effets matériels importants et que nous étions peut-être menacés d'une autre explosion à bref délai.

On décide donc l'exécution d'un fourneau de 400 kilos de cheddite à $G_6 R_e$ et de deux camouflets, l'un à R_e, que nous avons signalé plus haut, et un autre à $G_7 R_d$ [1], qui est également chargé à 50 kilos de cheddite. La mise de feu aux deux camouflets est faite à $2^h 55$. L'explosion occasionne peu de dégâts à nos travaux. Le fourneau est prêt à $6^h 20$ du matin le 24, on le fait

---

[1] R_d, rameau de combat, remplacé plus tard par suite des explosions intervenues au cours de la guerre de mines.

exploser aussitôt. Il produit un grand fracas et fait un entonnoir très important.

Dans les galeries 8, 9 et 10, le travail se poursuit sans incidents.

Au moment du départ des deux camouflets à $2^h 55$, les écouteurs signalaient des bruits de perforatrice à droite de G_6 et des bruits de wagonnets sous G_7. Il est incontestable que, la part faite d'une exagération produite par l'émotion causée par l'explosion du fourneau ennemi de l'après-midi, les Allemands sont très près de notre première ligne et peut-être même dessous. Enfin, ces camouflets et le fourneau nous remettent un peu en confiance.

Le 24 mars, continuation à β du rétablissement de la galerie G_5. A R_f, le percement entre les deux tronçons de rameaux attaqués par la galerie G_5 et par R_e est effectué, mais tout le boisage est à faire.

A $8^m 45$, de la galerie G_5 dans R_f on commence un rameau descendant de 15 °/$_o$ R_h dans la direction de l'ennemi.

Dans le saillant β, on entend frapper à diverses reprises en avant et à gauche de R_e. Les bruits sont encore très éloignés.

Au saillant γ, vers 14 heures, des bruits auraient été entendus sous la tranchée Thobie et un peu en avant, à 23 mètres à droite de la sape XII. Cette écoute, quoique vraisemblable, reste très imprécise. On décide l'exécution d'un forage d'écoute pour essayer d'obtenir des renseignements sur les travaux de l'ennemi dans cette direction.

Le 25 mars, le forage situé à 25 mètres à droite de G_6 est poussé de 4 mètres de profondeur à 8 mètres. On exécute un chambrage; à cette profondeur le forage servira d'écoute pour le moment.

Les écoutes sont aujourd'hui les suivantes : à G_6, bruits en tête et à droite; à G_7, bruits en tête, en avant et au-dessous; on perçoit même assez distinctement des coups donnés sur du bois.

A la galerie G_5 on continue la réfection des boisages. L'avan-

cement total est de 46 mètres. La pente descendante est portée
à 20 %. Le rameau R_f est complètement soudé et le raccordement des deux tronçons est fait en demi-galerie. On continue
le rameau R_h pris en retour sur R_f vers l'ennemi. La pente
descendante est de 15 %. Le rameau R_e est repris en demi-
galerie dans la partie démolie et comblée par le fourneau du
19 mars.

L'organisation de la direction de la guerre de mines a subi
quelques modifications depuis le début. D'abord conduite par la
compagnie 20/11, elle passe ensuite sous la direction du capitaine
M..., qui dispose, à partir du 6 mars, de la 14/5 retirée du front
de Roclincourt-Écurie. Le capitaine M... peut donc à ce moment
confier les travaux d'α à la 14/5 et ceux de β et γ à la compagnie
20/11, renforcée du détachement des mineurs du sous-lieutenant
R... Les travaux de ε passent quelque temps après à la 20/11,
comme nous l'avons vu. Enfin à l'arrivée des compagnies 4/8 et
9/2 territoriales, l'ensemble des travaux passe sous les ordres
du commandant M..., avec le capitaine M... comme adjoint. Nous
sommes donc actuellement à cette dernière période. Le commandant M... et le capitaine M..., avec une grande sûreté de vue,
une compétence de premier ordre, et en payant énormément de
leur personne, par des tournées de jour et de nuit en première
ligne, donnent la confiance nécessaire pour prendre l'offensive,
qui seul peut nous permettre de reprendre l'avantage.

D'ailleurs le plan est très clair et bien conçu. Nous nous
sentons fortement appuyés par les galeries entreprises et poussées
avec activité en arrière de nos saillants si menacés. Il suffit
donc de tenir dans nos positions de β et γ pour permettre l'arrivée des galeries entreprises dans les deuxièmes lignes.

Le 26 mars, les travaux offensifs et défensifs entrent dans une
période d'activité extrême. Le réseau défensif est maintenant
nettement dessiné; il est constitué aux saillants β, γ, δ, ε par
des rameaux situés à une trentaine de mètres au moins de
notre tranchée de première ligne; ils servent à une double fin.

Ils permettent de faire des écoutes, d'entendre l'ennemi à une vingtaine de mètres de distance et en même temps ils assurent l'aération de l'ensemble du réseau de galeries. Dans certains cas, ce réseau complet sera d'un précieux secours pour effectuer des sauvetages dans les galeries écrasées par des explosions ennemies et surtout il donne aux travailleurs une confiance et une valeur morale qu'il est impossible de contester. Dans les travaux dangereux, il faut que ceux qui sont exposés aient la certitude de diminuer leurs chances de mort par leur propre activité et qu'ils aient l'espoir continuel, en cas de malheur, de pouvoir se tirer d'affaire par l'un quelconque des couloirs ménagés dans ces souterrains. Ces considérations condamnent les puits à proximité de l'ennemi; nous en fîmes très peu.

Il n'était pas sans importance de tenir compte de l'état d'esprit et des pensées des travailleurs. Quelles étaient les réflexions des hommes, tapant à tour de bras dans la craie ou l'argile au fond d'un rameau d'une section de $0,70 \times 0,80$? Quelle était leur mentalité lorsque subitement, en pleine tâche, une secousse épouvantable les jetait les uns contre les autres, éteignait les bougies et les laissait dans l'effroi d'une catastrophe? Bien vite alors, l'un deux à tâtons et sur les genoux remontait vers la galerie principale pour voir si la retraite n'était pas coupée. L'émotion passée, quelle abnégation, quel courage fallait-il pour continuer le travail avec la même ardeur et faire l'avancement prescrit!

Quel est donc le personnel employé à cette guerre traîtresse? Le peloton de mineurs assure les travaux du saillant β. Ce détachement fait en outre les écoutes aux saillants γ, δ et ϵ; et l'officier de jour de la compagnie 20/11 qui a la direction des travaux suit avec une attention des plus vigilantes les comptes rendus d'écoutes. Des cahiers et des plans sont tenus avec beaucoup de soin, et il n'est pas douteux que des catastrophes furent évitées en maintes circonstances grâce à la compétence de ces mineurs. Habitués au travail des mines dans cette région, ils connaissent le sous-sol à merveille et, suivant que l'on se trouve dans l'argile ou dans la craie, ils déterminent avec une remarquable précision la distance, la direction et la nature des travaux ennemis. Les travaux des saillants γ, δ, ε, et les galeries défensives ouvertes dans la tranchée de première ligne entre ces points sont dirigés et exécutés par la compagnie 20/11.

Des territoriaux du 143ᵉ, remplacés plus tard par des hommes du 25ᵉ territorial, sont affectés comme manœuvres à la compagnie 20/11. Ces deux régiments comprennent des hommes sérieux, travailleurs, courageux, qui en toutes circonstances se montrent parfaitement calmes et conscients de leur devoir. Ils nous furent d'un grand secours dans la poursuite de cette guerre difficile.

En outre, la compagnie 20/11 est renforcée par une centaine de pionniers. On appelle pionniers à cette époque des détachements fournis par l'infanterie et choisis parmi ceux qui en temps de paix avaient un métier ou une spécialité se rapportant aux travaux qu'exige la guerre de mines. Ces fantassins, particulièrement dévoués et travailleurs, nous ont été très utiles et dans la suite furent même définitivement affectés au génie.

Le choix de ce détachement a d'ailleurs été relativement facile, car l'infanterie de la 70ᵉ D. I. est admirable; cependant chez elle les avis sur la guerre de mines diffèrent, et combien de fois avons-nous entendu discuter la valeur et l'opportunité de cette lutte de mines et de tranchées ! A quoi tout cela servira-t-il, sinon à faire tuer du monde et à troubler la tranquillité de tous ! Et chaque fois que les événements sont contraires, les critiques vont leur train. Heureusement, le plan d'ensemble est net, il apparaît clairement à ceux qui y prennent la part la plus active : sapeurs, pionniers et territoriaux.

La lutte consiste à opposer toujours un réseau défensif impénétrable et à détacher dans le système ennemi des galeries offensives qui, tout le monde le sent bien, seront utilisées au jour et à l'heure voulus par le chef.

Les causes morales de ralentissement du travail : incertitude et non-valeur du but à atteindre, tendance naturelle à ne rien faire et à ne provoquer de cette manière aucune critique, à ne courir aucune responsabilité, furent largement compensées par le désir d'action et d'utilisation d'énergie de tous ceux qui prirent part à ce siège de Carency. C'est la première fois au cours de cet ouvrage que nous employons l'expression « siège de Carency », parce que c'est à partir de cette époque, fin mars, qu'il apparut d'une manière précise que cette entreprise se dessinait. Parmi les causes matérielles et pratiques qui assurèrent un très bon rendement dans les conditions précaires où l'on se trouvait, il faut voir une organisation compétente, qui mettait bien chacun à sa place et lui donnait en temps voulu les moyens d'action nécessaires. D'autre part, un repos rémunérateur venait, après une tâche individuelle accomplie le plus rapidement possible, récompenser l'activité déployée au milieu de dangers et de menaces de toutes sortes. Une dernière cause, et qui ne fut certes pas des moindres pour développer la puissance du travail, de laquelle dépendait toute la réussite de cette énorme entreprise, c'était les visites fréquentes du général.

Le général Fayolle parcourait souvent les tranchées de première ligne, s'intéressait à tout, montait sur la banquette de tir, examinait la tranchée ennemie, s'arrêtait à l'entrée des galeries de mine, y pénétrait même parfois et questionnait, encourageait les hommes, leur disant combien il était nécessaire qu'ils déployassent la plus grande activité pour ne pas laisser l'initiative à l'ennemi. Chacun sentait alors que son travail, son action individuelle était bien liée à un tout qui, encore nébuleux pour le moment, se préciserait un jour.

Pour tous, fantassins et sapeurs, c'était vraiment un puissant ressort d'énergie lorsque, par une belle journée de printemps, le général Fayolle était annoncé en première ligne. Le bruit en était répandu comme une traînée de poudre jusqu'au fond du plus petit rameau, et chacun s'imaginait alors que quelque regard invisible était fixé sur sa besogne. Maintes fois cette visite entraînait un brouhaha, un remue-ménage tel, que l'ennemi mis en éveil sans doute tirait quelques obus sur notre première ligne.

Les tirs ennemis étaient, d'ailleurs, généralement localisés aux points où se développait la guerre de mines et à ceux que des indices avaient signalés aux Allemands comme dépôts de matériel. Le transport et la répartition du matériel prenaient de jour en jour une importance plus grande et en cette fin de mars l'avancement journalier dans le groupe des attaques de la 20/11, y compris celui du peloton des mineurs à β, dépassait 40 mètres. Quelle activité représentait un semblable avancement! Dans les rameaux, le sapeur avec sa pioche à manche court frappait dans l'argile et le roc, derrière lui deux hommes plaçaient les déblais dans des sacs à terre ou sur des traîneaux et des territoriaux répartis le long des galeries ou à l'entrée de celles-ci les sortaient à l'extérieur. Les déblais s'accumulaient ainsi en quelques points précis, et il fallait une grande surveillance, surtout la nuit, pour que des monticules ne fussent pas constitués sur les parapets exactement aux entrées de mines. Les sacs à terre pleins servaient aux revêtements de la tranchée et des parc-éclats, les déblais libres étaient répartis uniformément tout le long des parapets. Des boyaux ou sapes étaient creusés et les déblais crayeux placés au fond et recouverts aussitôt d'une couche de terre brune. Peut-être put-on ainsi pendant longtemps laisser ignorer à l'ennemi l'avancement considérable réalisé journellement.

Il ne suffisait pas de faire de l'avancement en tête des galeries et des rameaux et d'évacuer les terres, il fallait aussi boiser pour éviter les éboulements naturels et ceux surtout des explosions à distance, qui secouaient violemment le sol et amenaient parfois des déformations dans les boisages. A maintes reprises, nous pûmes retirer sains et saufs des travailleurs, protégés contre de semblables affaissements par des bois qui n'avaient pas cédé sous le choc. Tant que les gaz délétères n'ont pas envahi l'espace où les hommes ont été enterrés, on peut espérer les sauver.

Les déplacements dans les boyaux et les tranchées de corvée de toutes sortes, corvées de sacs à terre, de déblais, de planches, de rameaux de combat, de châssis, exigeaient une organisation attentive pour éviter les pertes de temps. Or, la guerre de mines triomphe par l'activité des exécutants et la rapidité d'exécution. Nos corvées se heurtaient à celles des fantassins, aux relèves, aux cuistots, et il fallait de très bons encadrements pour que ceux qui travaillaient en tête des rameaux n'attendissent pas, guettés par toutes sortes de dangers, le matériel qui leur permît d'aller de l'avant.

Indépendamment d'une surveillance active exercée par des gradés responsables, toute cette organisation était fortement liée par le travail à la tâche. Tous, mineurs, sapeurs, corvées de territoriaux, avaient une certaine quantité de travail à fournir, et, celui-ci terminé et contrôlé par l'officier de jour, les travailleurs étaient libres. L'avancement, qui devait être le maximum comme nous le disions plus haut, était limité par le matériel qui était distribué assez parcimonieusement et par le transport qui se faisait dans des conditions difficiles et exigeait beaucoup de monde. De jour on transportait le matériel nécessaire pour la journée et pour la nuit suivante. A cette époque encore, dans les périodes sans clair de lune on ne tirait pas beaucoup de fusées éclairantes. Le sol des tranchées et des boyaux était en très mauvais état, et la marche avec une charge se faisait dans des conditions pénibles.

Nous sommes à l'époque où dans l'espace restreint où travaille notre compagnie il faut faire fréquemment des fourneaux. Chaque jour, sous la menace des obus, des minenwerfers, des bombes, des grenades à fusil qui s'éparpillent sur le parcours suivi par les corvées, de grandes quantités d'explosifs sont transportées et concentrées sur les saillants où sont placées les galeries les plus actives. Des dispositions sévères sont prises pour éviter des catastrophes; les territoriaux, chargés chacun d'une caisse de cheddite, marchent à une assez grande distance les uns des autres, un gradé a dans sa poche une boîte contenant quelques détonateurs. Que dire de la poudrière? Nous avions alors bien des illusions sur la valeur d'un abri enterré. Une demi-galerie creusée dans le sol à 2^m5o de profondeur à peine renfermait constamment plus de 1.500 kilos de cheddite. Le poste de commandement du génie se trouvait à 7 ou 8 mètres de là. Les détonateurs, les pétards amorcés que nous continuions à fabriquer nous-mêmes, la poudre pour le lancement des bombes, les bombes elles-mêmes, tout cela bien rangé était disposé à proximité et sous le feu possible des gros minenwerfers de Carency et de l'artillerie lourde ennemie.

Nous n'eûmes de ce côté aucun accroc, ce fut une chance. Plusieurs fois quand notre artillerie bombardait les saillants et les lignes ennemies, nous constations des explosions, qui par leur violence et leur souffle devaient être dues à des caisses d'explosifs destinées à des fourneaux de mine.

Assez de périls entouraient nos travailleurs pour ne pas insister davantage sur ceux qui auraient pu se produire, si des précautions minutieuses et clairvoyantes ne les avaient écartés dans la mesure du possible et si des circonstances fortuites ne s'étaient pas tournées à notre avantage.

Maintenant de tous côtés nous sommes au contact avec les mineurs allemands. A chaque instant, nous sommes exposés à sauter.

Dans cette même journée du 26 mars, à la galerie G_4 en tête de R_q, de 9 heures à 10^h3o on perçoit nettement des bruits ennemis, d'une part à 1^m5o de la tête du rameau et à 3 ou 4 mètres au-dessous de la semelle des châssis coffrants et d'autre part à 4 mètres environ en avant, à gauche et à peu près au même niveau. Ces écoutes sont immédiatement signalées à l'officier de service, qui arrête l'avancement en raison de la proximité de l'ennemi et décide le chargement le plus rapide possible d'un fourneau de 400 kilos à R_q.

Une corvée vient prendre les explosifs au poste de commandement, seize caisses de 25 kilos, et les amène à la galerie G_4. Des hommes sont disposés le long du parcours en rameau et en galerie et se passent les paquets de cheddite, car depuis quelque temps, comme nous l'avons dit plus haut, pour obtenir un meilleur bourrage et une exécution plus commode de la chambre de mines, nous ne mettons plus les caisses. Celles-ci sont déclouées et seuls les paquets plus maniables sont envoyés au fond du rameau. Le chargement s'adapte mieux ainsi à la forme quelconque de la chambre de mines. Ce n'était plus le moment, en effet, alors qu'on était à proximité du mineur ennemi, de fignoler un parallélipipède régulier dans la craie, de manière à pouvoir empiler plus facilement les caisses et les loger dans un espace plus restreint. Aussitôt la charge en place, une cartouche de mélinite de l'alvéole de laquelle s'échappe le cordeau détonant est laissée dans la masse de cheddite. Le cordeau détonant est allongé le long du sol du rameau et la partie libre en couronne est accrochée au ciel de la galerie au point où on prévoit que le bourrage sera arrêté. La chambre de mine est fermée par un masque en bois fortement serré contre le demi-châssis coffrant du rameau. Derrière ce masque sont empilés et serrés des sacs à terre. Le bourrage se poursuit ainsi et tous les $2^m 50$ on place un nouveau masque. La longueur totale du bourrage est de 12 mètres.

Le cordeau détonant est alors déroulé jusqu'à l'extérieur, fixé le long d'un pétard de mélinite de 135 grammes. Celui-ci est amorcé avec un détonateur, dans lequel a été placé un morceau de mèche lente de 50 centimètres de longueur environ.

Au moment où la préparation du fourneau s'achève, une secousse de provenance assez lointaine se produit. Un nuage de fumée blanche couvre le saillant γ. Nous n'avons rien en cet endroit prêt à sauter. Les Allemands ont donc fait jouer un fourneau. Avons-nous des dégâts? Non, heureusement; on nous apprend quelques instants plus tard que l'explosion a eu lieu entre G_6 et R_e et qu'elle n'a fait aucun mal ni à nos galeries ni à nos rameaux.

A β notre fourneau est prêt, mais celui qui vient de partir nous laisse perplexe sur les intentions de l'ennemi, que l'on entend toujours travailler. Il faut donc faire jouer notre fourneau le plus tôt possible. Le commandant d'infanterie, chef de secteur, est avisé immédiatement ; les fantassins évacuent la zone dangereuse. Tous les rameaux et toutes les galeries de β sont abandonnés par les travailleurs. A 19^h40 nous mettons le feu, l'explosion se produit dans d'excellentes conditions. Pas de manifestations de la part de l'ennemi. D'ailleurs maintenant, sauf la nuit, les explosions de mines n'amèneront aucun trouble apparent de part et d'autre.

Dans le reste de notre secteur, au cours de cette journée, rien d'anormal. Les écouteurs ont entendu des bruits de 10^h45 à 11^h5 en avant et très loin du retour en demi-galerie de G_9 et aussi sur la gauche de la galerie 8 *bis,* mais très loin.

Le 27 mars, malgré les incidents de la veille, des bruits sont signalés en avant et à droite de β G_5 ; ils sont encore assez éloignés.

A γ R_e, les écouteurs entendent en tête du rameau des bruits qui sont très rapprochés. On dirait des glissements de caisse sur le fond du rameau. On pourrait être surpris de cette constatation subite par les écouteurs de bruits ennemis, alors que rien antérieurement ne les avait laissé prévoir. La nature du terrain au saillant γ explique cette surprise. Certaines galeries et certains rameaux se trouvent entièrement dans l'argile mêlée de blocs de grès. Quand ceux-ci ne sont pas trop nombreux ni trop gros, l'avancement peut se faire dans un silence presque complet. La terre est détachée des parois de la galerie à l'aide de la pelle-bêche de fantassin, mise en sacs passés de main en main jusqu'à l'extérieur de la galerie ou bien tirés sur le fond du boyau à l'aide d'une corde. Le boisage se fait également sans beaucoup de bruit et l'ennemi se trouve dans certains cas dans les mêmes conditions que nous. On comprend que parfois nous soyons arrivés à de très faibles distances sans que ni les uns ni les autres s'en soient aperçus.

D'ailleurs, pour éviter les surprises dans ce terrain dangereux, on multiplie les écoutes. Un écouteur reste en permanence dans le rameau ou la galerie et, dès que les travailleurs ont un arrêt pour une cause quelconque, il utilise ces moments de silence pour essayer de deviner les intentions de l'ennemi.

Dans le cas qui nous occupe, les frottements signalés par l'écouteur ne laissent aucun doute sur la proximité de l'ennemi. Un fourneau est préparé à $2^m 40$ de la tête de marteau de R_e. On le charge à 150 kilos de cheddite. La mise de feu est faite à $22^h 40$. En raison de la profondeur du rameau au-dessous du sol, le fourneau s'est trouvé fortement sous-chargé et on constate des effets extérieurs peu importants.

A la galerie G_5, on procède au rétablissement de la galerie de manière à gagner de la profondeur pour essayer de franchir ainsi le dispositif ennemi, et aussi pour éviter le terrain complètement bouleversé et imprégné de gaz d'explosion ; on porte la pente descendante à 30 %.

A G_8, on a entendu de la tête de R_c vers minuit, à gauche et un peu en contre-bas, le bruit d'un éboulement de terre et de coups de pic donnés dans la marne. Ces bruits sont signalés comme étant assez rapprochés. Le lecteur est prié de se reporter au plan général. On voit que, le 2 mai, nous avons trouvé une galerie et un fourneau chargé précisément dans la direction indiquée par cette écoute.

Cette dernière écoute nous amène à exposer quelques considérations sur la valeur des écouteurs et des renseignements qu'ils nous apportaient. L'officier de service, d'ailleurs, ne s'en remettait pas seulement à ce qui lui était dit, il contrôlait personnellement les faits constatés. Mais ne pouvant être présent en un point déterminé que pendant un temps assez court, il fallait établir un coefficient de confiance entre les écouteurs, et pour un même homme ce coefficient n'était pas constant. L'expérience acquise de la guerre de mines permettait entre les écouteurs un classement facile qui était basé sur les résultats donnés par eux

précédemment. Le sous-lieutenant R... connaissait admirablement
ses mineurs et nous avait donné rapidement une cote personnelle,
qui était parfaitement exacte. Les meilleurs écouteurs étaient
réservés pour les saillants β et γ où nous étions accrochés violemment et enchevêtrés même en certains points dans les galeries ennemies. Le mineur devait discerner les bruits provenant
de nos propres galeries et rameaux, qui formaient un réseau très
serré, de ceux produits par l'adversaire et d'autre part entraver
le moins possible la marche des travaux et l'activité des travailleurs en choisissant les instants où un arrêt obligatoire quelconque
plongeait tout notre réseau dans le silence, moment le plus
favorable pour faire des écoutes fructueuses.

Les saillants δ et ε, plus éloignés de l'ennemi, ne nous inquié-
taient pas. Le sous-sol y était constitué de craie compacte, dans
laquelle le bruit du pic se transmettait clairement à plus de
20 mètres. La guerre de mines ne pouvait pas dans cette partie
conduire à des ennuis si la surveillance était soutenue.

Les écoutes avaient une importance capitale; aussi dès que
le bruit entendu était parfaitement caractérisé ou qu'il était
douteux, mais très rapproché, l'écouteur avait la consigne d'en
avertir directement l'officier de jour. Dans le premier cas, il
fallait agir immédiatement, et tout intermédiaire n'aurait pu que
retarder l'intervention d'un camouflet ou d'un fourneau ; dans le
deuxième, la sécurité de tous exigeait la mise au point dans le
plus bref délai de toute écoute suspecte.

Il arrivait donc très souvent qu'au cours de la journée ou
de la nuit, un écouteur venait trouver l'officier de jour, qui
devait agir promptement et sans hésitation. A β ou γ, où des
fourneaux jouaient fréquemment, une certaine fièvre d'inquiétude
et de crainte régnait en permanence. L'écouteur était constamment invité par les travailleurs à faire attention, à prêter l'oreille
au moindre mouvement révélateur de la présence du mineur
ennemi. Au début de la journée, tout allait bien; mais, dès que les
heures passaient, le sentiment de la responsabilité rappelé à

chaque instant par tous ceux qui exécutaient leur tâche avec le plus d'activité possible énervait les écouteurs ; un incident quelconque de cette terrible vie de tranchées situées à 3o mètres ou 35 mètres de celles de l'ennemi : une torpille, une grenade à fusil qui éclataient à proximité, tout contribuait à tendre les nerfs et la volonté de l'écouteur vers sa mission, qui était de signaler le moindre bruit entendu. Le résultat, la nuit surtout où les dangers de coups de main augmentaient, était une exaltation telle que l'écouteur en arrivait à percevoir des bruits imaginaires. Il avertissait les travailleurs, le gradé chef de chantier, et comme évidemment chacun se sentait soulagé du poids d'une responsabilité individuelle en déclarant entendre quelque chose, il se produisait de très bonne foi une certitude d'audition de bruits qui ne reposaient cependant sur rien de réel. Il fallait lutter contre ces appréhensions pour ne pas tomber soi-même dans cette erreur, car un fourneau, placé sans motif en un point où l'ennemi n'était pas arrivé, conduisait à des pertes de temps et à une destruction partielle de notre propre réseau sans aucun profit.

Ces considérations, vraies pour nous, l'étaient encore bien plus pour l'ennemi. Nous avons déjà signalé plusieurs fois des fourneaux de l'adversaire n'ayant donné aucun résultat de destruction sur notre réseau, tandis que certains des premiers nous avaient atteints. C'était pour nous la certitude que nous reprenions l'initiative des opérations souterraines et que les mineurs allemands commençaient à s'affoler et à placer des fourneaux à tort et à travers. Plus tard ils en viendront même à faire sauter leurs défenses accessoires et leur parapet, tellement l'obsession de notre supériorité morale s'était ancrée chez eux. Il est inutile de décrire la joie de nos sapeurs lorsqu'ils constataient de tels résultats.

Le 28 mars, à 6^{h}5o, un fourneau allemand important explose à γ, un peu à droite de G_7 et à mi-distance entre les tranchées. Comme nous venons de le dire, l'ennemi est nettement inquiet et se tient maintenant sur une défensive craintive. Son fourneau n'a atteint aucune de nos galeries. De la terre et des débris de bois sont tombés en assez grande quantité dans notre première ligne. Personne n'est blessé, quelques fantassins sont contusionnés par des mottes de terre.

Cette explosion produite le matin à la relève des sapeurs, alors que le travail n'est pas encore repris, laisse cependant tout le monde nerveux. C'est un mauvais début de journée, les écoutes vont en être plus actives et parfois même incertaines. Voilà celles qui ont été retenues. Vers 15 heures, bruits en tête et à droite de G_8 et au-dessous. On donne l'ordre de ne continuer l'avancement qu'à la pelle-bêche à R_b et R_c de manière à ne pas nous faire démasquer nous-mêmes. Un retour en tête de R_b de 4 mètres pour fourneau éventuel est commandé.

Vers 19 heures, l'écouteur de G_7 croit entendre des bruits de boisage et de voix depuis notre tranchée de première ligne, à quelques mètres à droite du forage situé à 25 mètres à droite de G_6. C'est à ce saillant que s'est produite l'explosion du matin : il est bien certain que nous sommes en pleine fantaisie. L'écouteur est sous l'influence de l'émotion produite ; à chaque instant il est consulté par les uns et les autres, et à l'approche de la nuit il finit par se persuader qu'il entend quelque chose. Dans le cours de la nuit d'ailleurs, ces bruits ne furent plus signalés.

Dans la matinée de ce jour, puis à 20 heures, on entend des bruits à 5 mètres à gauche de G_5 vers le quarante-deuxième mètre. Ces bruits persistent toute la nuit. Ceci est sérieux, et il faut agir sans délai. On décide l'exécution immédiate d'un fourneau de 300 kilos de cheddite en tête de R_b. L'ordre est donné à 21 heures. Il est prêt et part à 3^h30 le 29. Le rameau R_c a très peu souffert. La galerie G_5 par contre a son boisage brisé sur une quinzaine de mètres.

Vers 5 heures, le 29, on perçoit des bruits et des secousses qui paraissent provenir d'un chambrage. Tout cela est entendu en tête de G_6 et G_7 et présumé éloigné. Ce renseignement n'a pas plus de valeur que celui donné à 19 heures, mais sur l'insistance de l'écouteur nous avons noté au cahier d'écoutes ces constatations fantaisistes, à notre avis.

A la galerie G_4, on achève la réparation de la demi-galerie. A droite en face de R_c, on attaque une demi-galerie d'où part un rameau descendant R qui a une direction inclinée à 45° sur G_4. Ce rameau est destiné à remplacer R_q.

Le 29, à γR_e, on entend l'ennemi en tête et à gauche. Les bruits sont assez éloignés. A R_{VIII}, on entend le mineur allemand en avant et à droite. Il est donc certain que les bruits proviennent d'une galerie ennemie qui s'avance entre ces deux rameaux.

A εG_8, on perçoit des bruits de la tête de R_{II}, à 15 mètres environ à droite.

Cette dernière écoute confirme les précédentes et nous montre que la lutte souterraine s'étend de plus en plus. Là, au saillant ε, nous sommes à 100 mètres environ des tranchées ennemies, et déjà le contact apparaît comme prochain.

Quel enchaînement de faits et de circonstances conduisit à cette extension extraordinaire de la guerre de mines, dont nous ne voulions pas sous cette forme comme nous l'avons montré au début? Un coup d'œil en arrière nous permettra de résumer la série des faits et des incidents qui amenèrent à adopter et à poursuivre le plan d'ensemble actuellement en pleine exécution. Les fourneaux préparés en α, β et γ, et chargés les 24, 27 et 29 janvier, étaient destinés à jouer à l'occasion d'une offensive dont l'objectif était Carency. L'attaque prévue fut différée, comme nous l'avons vu. Un hiver exceptionnellement pluvieux avait rendu les tranchées et les boyaux inhabitables, quelles places d'armes pouvait-on trouver dans ce secteur entièrement noyé? Quelles troupes, ayant séjourné seulement quelques heures dans cette boue glacée, auraient pu aborder l'inconnu d'un parapet gluant et sans consistance? L'artillerie d'ailleurs manquait de munitions. Il fallait aussi à l'infanterie du repos moral et physique pour se remettre des dures épreuves subies sur le Grand Couronné de Nancy et en Artois, au mois d'octobre 1914. Toutes ces raisons amenèrent le commandement à retarder l'offensive. Nous savons l'inquiétude que nous causaient, en février, nos fourneaux chargés. Les écoutes faites de la galerie 1 ne laissaient aucun doute sur l'existence d'un système de contre-mines ennemies. La guerre de mines était donc engagée, il ne pouvait plus y avoir de surprise de part et d'autre, et il est certain que l'attention des Allemands était fixée également sur les saillants β et γ aussi bien que sur α, où la prise de contact était imminente.

Le 7 février, l'explosion du fourneau α, combinée avec un coup de main, nous avait permis de faire des prisonniers qui donnèrent quelques renseignements. On en déduisit l'existence d'un système de six galeries en face de la tranchée Culmet.

Mais que se passait-il sur le reste du front sud-ouest de Carency? Les prisonniers prétendirent l'ignorer.

Le 8 février, le fourneau ennemi qui explosait devant la tranchée Culmet ne fit qu'augmenter notre perplexité.

Non seulement le mineur ennemi n'était plus sur la défensive, mais son action offensive souterraine se précisait, et nous devions adopter sans délai une méthode de protection d'abord; on verrait après s'il n'était pas possible de faire mieux.

Quel était dès lors le programme? Quelles étaient les vues d'ensemble? Il est certain qu'à ce moment on ne songeait plus à prendre le village de Carency, objectif heureusement reconnu par nos chefs comme impossible à atteindre dans les circonstances de temps et avec les moyens d'action dont nous disposions. On était vraiment très ennuyé et beaucoup regrettaient cette offensive souterraine qui paraissait alors inopportune, et qui nous mettait dans la situation ridicule de nous défendre après avoir eu l'initiative de l'attaque. Les intempéries faisaient crier les fantassins qui se trouvaient sans abri dans des tranchées en très mauvais état. Pas de caillebotis et de la boue jusqu'au ventre dans des boyaux dont le fond perdait toute consistance et n'offrait aucun point d'appui aux pieds enlisés. A faire des claies, des fascines, des créneaux, des caillebotis, les sapeurs perdirent un temps précieux.

La tranchée Culmet et toute la première ligne de Carency avaient été revêtues, il fallait surtout maintenant protéger la tranchée Culmet contre la menace des mines ennemies.

On décida donc de faire des forages poussés à une douzaine de mètres en avant de la tranchée avec une inclinaison de $45°$ environ. Ces forages avaient un double but : permettre de faire des écoutes par la petite cheminée qui constituait le forage, et, le jour où l'ennemi était signalé, chambrer, charger et faire un camouflet qui aurait pour but d'écraser le rameau ennemi.

L'exécution de ces forages fut poursuivie activement. Sur ces entrefaites, l'armée donne l'ordre de préparer des attaques en mines sous les diverses ramifications des retranchements ennemis en partant des saillants β et γ.

Les nouvelles galeries qui résultèrent de cette conception eurent leur entrée en arrière de nos tranchées de première ligne, de façon à atteindre par un enfoncement progressif une profondeur suffisante qui nous permît d'échapper aux contre-mines ennemies, dont l'existence était presque certaine.

En même temps, deux galeries, G_2 et G_3, étaient ouvertes en arrière de la tranchée Culmet, au fond de puits dont le niveau inférieur était à 8 mètres au-dessous du terrain naturel.

Mais nos ennemis travaillaient activement en face de β et γ, où ils craignaient un coup de main heureux de notre part. Malheureusement les fourneaux étaient préparés depuis long-temps et le coup de main décidé ne réussit pourtant pas, pour les raisons que nous avons vues. De toute manière, eût-il réussi que son seul effet eût été de nous convaincre de l'avance prise désormais par nos adversaires. Ils avaient multiplié le nombre de leurs galeries et pouvaient tranquillement nous voir venir. A cette époque, le commandement pensait encore pouvoir enlever Carency de vive force par une attaque d'infanterie précédée d'une préparation d'artillerie, les mines n'ayant pour but que de faire quelques larges brèches dans les défenses accessoires des Allemands et de jeter la panique dans leur première ligne. On n'avait pas l'idée, acquise maintenant, de traiter ce village comme une place forte et d'en entreprendre le siège régulier.

Lorsque la compagnie 14/5 intervint, le but était de compléter notre organisation souterraine et de prendre dans le plus bref délai les dispositions défensives qui s'imposaient.

A partir du 6 mars la répartition des compagnies du génie est la suivante :

La compagnie 14/5 est devant α; .

Le détachement des mineurs à la disposition de la compagnie 20/11 est devant β. La 20/11 a en plus les saillants γ, δ, ε et les intervalles entre ces saillants.

Jusqu'à ce jour nous nous sommes bornés à décrire ce qui se passait sur le front de la compagnie 20/11, ces quelques explications permettront aux lecteurs, par le récit détaillé de la guerre qui se déroule sur les saillants β, γ, δ, ε, de juger de l'importance de ce front de Carency au point de vue guerre de siège.

Dans le courant du mois de mars, l'ennemi réussissait à faire exploser quelques fourneaux très près de nos lignes. La tranchée Culmet fut endommagée et nous eûmes à déplorer des victimes. Les écouteurs signalaient des bruits souterrains en arrière de nos tranchées. L'inquiétude était grande.

Des dispositions immédiates permirent de diminuer la densité des troupes d'infanterie dans la première ligne.

Les points α et γ étaient les saillants les plus dangereux, on décida d'établir des barrages suffisamment éloignés de la première ligne et assez profonds pour qu'on ait la possibilité d'arrêter la progression ennemie et de lui répondre par des fourneaux placés sous ses galeries. Nous arrivons à un système à deux étages et à un plan d'ensemble. Notre mission est désormais de compléter notre réseau défensif par des transversales de manière à permettre des écoutes sur tout le front, à démasquer les travaux ennemis et à assurer des courants d'air pour supprimer les ventilateurs peu pratiques et trop bruyants.

Les compagnies 14/5 et 20/11 conservaient donc leurs travaux dans la première ligne, mais leur donnaient un développement plus grand.

L'établissement des barrages, dont nous venons de parler, fut confié aux compagnies 4/8 et 9/2 territoriales. Les galeries qui les constituaient partaient des tranchées de deuxième et même de troisième ligne. En cas d'une attaque ennemie heureuse, elles auraient éventuellement pu servir à faire sauter les parties de nos lignes dans lesquelles les Allemands auraient pris pied.

Dans les intervalles compris entre les saillants, un système défensif devait également être entrepris ainsi que dans la tranchée dite Tête de marteau.

Le plan général est donc bien établi et les missions de chacun parfaitement déterminées. En dehors des écoutes, des explosions que nous avons mentionnées plus haut dans ces derniers jours de mars et des indices de toutes sortes qui prouvent l'activité de l'ennemi, nous tenons à dire tout de suite que six compagnies de pionniers allemands étaient opposées à nos sapeurs. Le jour de la prise de Carency nous en eûmes la certitude dans les documents saisis.

Nous avons vu que dans le courant de mars nous étions réduits à une stricte défensive sur le front de la compagnie 20/11. La tranchée Culmet même sur le front de la compagnie 14/5 était atteinte et la situation inquiétante.

Que nous réservaient les jours prochains? En présence de la netteté des décisions prises et du programme conçu qu'il fallait maintenant réaliser, nous avions personnellement la plus grande confiance. Dans ce qui va suivre nous continuerons à parler surtout de la compagnie 20/11, les notes que nous possédons ne nous permettant que d'effleurer ce qui se faisait sur le reste du front de Carency.

Le lecteur a dû déjà à maintes reprises se demander quel était le système de relèves des sapeurs, où la présence dans les mines se traduisait par un travail pénible et par une tension des nerfs extraordinaire. Les dispositions adoptées étaient bonnes en ce sens qu'elles permettaient un repos réel pour un rendement maximum.

Augmentée des spécialistes détachés de l'infanterie, chaque section de la compagnie 20/11 comprenait une centaine de travailleurs avec l'appoint des territoriaux. Le cantonnement était à Camblain-l'Abbé. Les hommes n'y étaient pas très bien, mais dans cette période de la campagne on n'attachait aucune importance au confort des cantonnements. Il n'y tombait pas d'obus, on était à peu près à l'abri des intempéries, toutes choses qui n'étaient pas à dédaigner. Pour se rendre aux tranchées, il y avait environ 6 à 7 kilomètres à faire. Les hommes se relevaient par douze heures dans les mines, les officiers par vingt-quatre heures de manière à assurer une plus grande continuité de direction. La relève du matin avait lieu à 7 heures, celle du soir à 18 heures.

Au départ du cantonnement, après l'appel qui faisait connaître le nombre des malades et des indisponibles, l'officier faisait la répartition des chantiers par escouade.

Le 26 mars, par exemple, et dans la nuit du 26 au 27 mars, les répartitions étaient les suivantes :

Officier de jour, lieutenant T....

Effectif de jour. — 1re. section de service.

	Sapeurs	Pionniers	Territoriaux	Chantiers
1re escouade. . . .	10	7	15	$G_{8, 9}$ et $_{10}$.
2e escouade	11	7	15	$R_{IV, V, VI, VII, VIII}$.
3e escouade	10	9	15	G_6 et $_7$, R_e et R_v.

Effectif de nuit. — 4e section.

	Sapeurs	Pionniers	Territoriaux	Chantiers
10e escouade. . . .	11	8	»	$G_{8, 9}$ et $_{10}$.
11e escouade. . . .	9	6	»	G_6 et $_7$, R_e et R_v.
12e escouade. . . .	12	6	»	$R_{IV, V, VI, VII, VIII}$.

Chaque chef d'escouade savait donc, au départ, quels chantiers il aurait à diriger. La répartition des galeries et rameaux était faite de manière à égaliser le plus possible les difficultés et les dangers. Pendant une période assez longue, on affectait les mêmes escouades aux mêmes chantiers ; de cette manière, il y avait un goût plus grand au travail et les transmissions d'ordres, de consignes et de matériel se faisaient plus rapidement et sans hésitation.

L'officier de jour s'assurait la veille qu'il aurait bien les approvisionnements nécessaires en bois (planches, châssis, rameaux de combat) pour sa période de service. Il prenait les dispositions pour faire faire le ravitaillement dans ce but. Le transport du matériel était confié à un caporal du génie qui recevait de l'officier de jour une note lui donnant tous les renseignements voulus à cet effet. Les territoriaux avaient comme rendez-vous le dépôt de matériel qui était dans le boyau Magne, à proximité du carrefour du boyau de la Bourse et du boyau des Béarnais.

Sous la conduite de l'officier de jour, la section se rendait au travail, les hommes prenaient chacun du matériel de manière à faire gagner aux territoriaux un voyage de transport. Dans chaque chantier, le gradé de l'équipe descendante attendait l'arrivée de son camarade. Tous deux se mettaient d'accord sur la longueur totale atteinte dans les rameaux et dans les galeries, se communiquaient tous les renseignements intéressants et aussitôt se faisait la mise en chantier.

L'officier de jour, pendant ce temps, se rendait au poste de commandement où l'attendait, à moins de circonstances particulières, l'officier descendant. Alors se faisait en détail la passation de service ; le cahier des comptes rendus journaliers, sur lequel le capitaine inscrivait au cours de ses tournées les ordres donnés et les directives du commandement, était pris par l'officier de jour qui l'émargeait après lecture et explication de son camarade. L'officier descendant le signait également. Un autre cahier était l'objet de toute l'attention des officiers de jour : celui des écoutes. Puis toutes les pièces habituelles : plans, projets divers, étaient mises à jour et transmises par l'officier descendant. La passation des bougies n'était jamais oubliée. L'éclairage rudimentaire dont nous disposions exigeait environ 150 à 200 bougies par vingt-quatre heures. Il fallait donc que l'officier descendant veille toujours sur le stock du poste, pour ne pas laisser son successeur dans l'embarras. D'autant plus que la bougie était recherchée par tous pour le cantonnement et toutes celles qui traînaient étaient rapidement prises.

Toutes les consignes étant transmises, l'officier descendant s'en allait et la responsabilité de l'officier de jour commençait. Elle était assez grande, car toute mine imprévue pouvait permettre à l'ennemi de faire une brèche dans notre réseau de tranchées et lui permettre d'exécuter un coup de main.

En général, vers 8 heures commençait la première tournée de l'officier de jour, qui, dans un ordre quelconque, visitait toutes les galeries et tous les rameaux et se mettait en liaison avec les officiers d'infanterie en secteur. L'organisation du travail était telle que tous ayant intérêt à finir le plus vite possible la tâche fixée, on trouvait rarement des flâneurs. Nous allons suivre l'officier de jour dans son service du 30 mars et dans la nuit du 30 au 31. Avant le départ du poste de commandement situé à proximité du boyau Bonet et à peu près au centre du secteur des mines de la compagnie 20/11, les artificiers reçoivent des ordres, car nous envoyons toujours des bombes de notre fabrication. Ils tireront une quarantaine de bombes de jour et autant de nuit dans les directions indiquées qui sont celles présumées par nous comme ayant les entrées des galeries ennemies.

Aujourd'hui, la tournée commence par le saillant ε. Pour s'y rendre, on suit le boyau Magne, le boyau des Béarnais, la parallèle Genet, qui débouche dans le boyau Sidi-Brahim. On prend ce dernier jusqu'à son intersection avec la tranchée des Vitriers, qui est notre première ligne. On tourne à droite et on arrive à la galerie 10, qui est à l'extrême droite du secteur de la 70e D. I. Nous pénétrons dans la demi-galerie, qui a une pente de 3o % environ. Ses dimensions sont de 1 mètre de largeur et 1^m5o de hauteur. Tous les mètres, un châssis, constitué d'une semelle, d'un chapeau et de deux montants, maintient le ciel et les parois par des planches de ciel et de coffrage. Les planches de ciel ont 4 centimètres d'épaisseur et 1^m20 de longueur parce qu'elles se recouvrent d'un intervalle à l'autre de 20 centimètres. Les planches de coffrage ont de 0^m027 à 0^mo3 d'épaisseur et 1^m20 de longueur pour la même raison que les planches de ciel. L'épaisseur différente tient à ce que les planches de ciel ont à subir des pressions plus considérables que celles de coffrages. Il faut entrer à genoux dans le rameau de combat R_b qui a une section de 0^m70 × 0^m8o et descendre ainsi à reculons, car la pente est de 3o %; une bougie brille au fond, à 4 mètres environ de l'extrémité de la demi-galerie. Le long du rameau on se heurte à des sacs pleins de craie, une corde est libre à terre, une de ses extrémités est dans la demi-galerie, l'autre au fond du rameau où deux sapeurs-mineurs travaillent accroupis. L'un d'eux, avec une pioche à manche court, fait levier et arrache de la paroi de gros morceaux de craie que son camarade ramasse et met en sacs après les avoir cassés. Quelques-uns encombrent déjà le rameau, un sapeur attache l'un des sacs à l'extrémité de la corde qui est à côté de lui; il siffle, un territorial se présente à l'entrée du rameau, obstruant la lumière du jour qui filtre par la galerie, il prend en mains l'extrémité de la corde, tire le sac, le détache et le passe à un camarade qui le conduit à l'extérieur.

Le travail marche normalement. La sortie du rameau s'effectue sur les genoux en appuyant les mains sur les semelles du rameau, ou plus simplement à quatre pattes en s'appuyant des coudes contre les parois. R_b a une longueur totale de 17^m9o, dont 13^m7o en demi-galerie. Par la demi-galerie, nous regagnons la tranchée des Vitriers. Nous sommes dans le secteur des chasseurs, nous en croisons quelques-uns, puis nous passons à côté de mitrailleurs et de groupes de travailleurs. Nous arrivons à la galerie G_9. L'entrée est en contre-bas de la tranchée et on y accède par un boyau, qui aboutit au boyau Sidi-Brahim. Une sape a été exécutée à proximité de la galerie dans laquelle sont évacués les déblais. Entrons dans la demi-galerie, nous passons sous la tranchée et nous arrivons à la voie de $0^m 40$, qui sert à transporter les déblais depuis l'avancement jusqu'à la sortie où ils sont repris par un relais de brouette. La demi-galerie a une soixantaine de mètres de longueur en ligne droite. Dans cette partie la petite voie de $0^m 40$ est placée sur le fond presque horizontal. Une bougie placée à une trentaine de mètres indique la direction à suivre. Après avoir trébuché à plusieurs reprises contre les traverses en fer de la voie et s'être buté dans les chapeaux de la galerie, on arrive enfin à l'extrémité de la voie. Depuis l'explosion du 19 mars, le rameau descendant qui prolongeait en ligne droite la demi-galerie étant inutilisable, a été abandonné. Deux retours successifs à 90° ont permis de reprendre une direction parallèle à la direction primitive avec décalage de 3 mètres environ. Le terrain est marneux avec des noyaux de silex. Il est difficilement entamé à la pioche. Avant l'explosion du 19 mars la respiration était assez difficile, maintenant, par les terres délitées de l'entonnoir produit, il y a un courant d'air suffisant. Le travail est mené avec prudence puisque déjà l'ennemi s'est signalé aux écouteurs. Le rameau R_a, qui a une direction perpendiculaire et prend à gauche de la demi-galerie, a une longueur totale de $12^m 50$; R_b, qui prolonge, avec une inclinaison de 15° environ à droite, la demi-galerie, a un avancement total de $9^m 10$. Les déblais sont retirés de ces rameaux dans des sacs. Ceux-ci sont placés dans une brouette, que l'on conduit jusqu'à la voie de $0^m 40$, où ils sont chargés sur truc. Nous revenons à l'air libre et nous nous dirigeons vers la galerie 8 par la tranchée des Vitriers. Nous arrivons à l'entrée en demi-galerie par une sape couverte creusée dans l'argile. La demi-galerie descend assez rapidement et pénètre dans la craie. Le sol est irrégulier. Attention, il y a un ressaut et on se heurte presque chaque fois la tête au chapeau en chêne du châssis correspondant. Les sapeurs nous ont entendus, ils présentent une bougie et un petit jet de lumière éclaire le chemin qui reste à parcourir. Nous arrivons à l'extrémité de la demi-galerie d'où partent trois rameaux de combat : R_a à gauche, R_c à droite, tous deux perpendiculaires à la direction de la demi-galerie, et, dans le prolongement de celle-ci, R_b; deux hommes de corvée rassemblent des sacs pleins de déblais, qui sont remontés des trois rameaux R_a R_b et R_c. Le rameau R_a a 10^m20 de longueur, le rameau R_b 3^m10, le rameau R_c 11^m50. Au fond de chacun d'eux, un sapeur frappe à coups de pic avec ardeur dans la craie compacte. Les blocs se détachent et tombent avec bruit sur le fond du rameau. La bougie qui éclaire le mineur brûle sans vigueur, par moment elle s'affaiblit et le sapeur est obligé de venir à l'extérieur pour respirer et laisser l'air se renouveler. L'installation d'un ventilateur ou l'organisation d'un mode d'aération quelconque s'impose. L'écouteur profite de ces arrêts pour coller son oreille contre les parois du rameau et essaie de surprendre les desseins de l'adversaire. Sa respiration étant moins intense que celle du travailleur, la bougie reprend peu à peu son éclat. Les mineurs écouteurs ont d'ailleurs une accoutumance extraordinaire, ils peuvent rester un temps assez long sans aucun trouble physique dans une atmosphère où une bougie s'éteint.

A la sortie de la galerie 8, nous nous dirigeons vers le saillant γ par la tranchée des Vitriers et la tranchée Augier. Par suite de la forme de cette partie de notre ligne, enveloppante et menaçante pour les positions allemandes de Carency, la tranchée Augier est enfilée par les fusils ennemis du saillant β. Des pareéclats et des portiques ont dû être créés pour dérober nos mouvements à la vue de l'ennemi.

Le saillant γ, où nous arrivons au débouché de la tranchée Augier, est constitué d'une première ligne, la tranchée Thobie, et d'une deuxième ligne, la fausse tranchée Thobie. A l'intérieur de ce système, un boyau de communication, sape XI, se termine par deux branches dans la tranchée Thobie, à droite et à gauche de la galerie 6. A droite de ce boyau et à quelques mètres au delà de la fausse tranchée Thobie en se dirigeant vers la première ligne, un petit boyau aboutit au logement du mineur d'où part la galerie 7.

A cette époque, quelle est la situation en avant de ce saillant? Nous sommes à une trentaine de mètres à peine du saillant allemand. Nos mines sont enchevêtrées dans celles de l'adversaire. Cinq galeries ou rameaux de combat s'avancent perpendiculairement à la première ligne, à la rencontre des mineurs ennemis. Ce sont les galeries G_6 et G_7, les rameaux R_{VIII}, R_e et R_{XI}. Dans la galerie G_7, nous avons à gauche le rameau R_b ([1]) qui a une longueur totale de 5^m40, R_j à droite, qui a une longueur totale de 6^m80. La galerie G_6 à droite, longueur totale 4^m20 ; à gauche on commence le travail aujourd'hui.

Le rameau R_e a besoin de quelques réparations par suite de l'explosion du fourneau allemand du 28 mars.

Le rameau R_{XI} a une longueur totale de 4^m55.

Le rameau R_{VIII} a une longueur totale de 14 mètres. On commence une amorce à gauche.

La situation s'améliore considérablement et si nous arrivons à réunir nos antennes par des transversales, nous pourrons passer à l'offensive. Les écouteurs ne signalent aucun bruit et nous constatons que les appels faits de la galerie 6 sont très nettement entendus de la galerie 7. Il reste de 12 à 14 mètres pour souder les rameaux qui s'avancent l'un vers l'autre.

Notre visite nous laisse une impression satisfaisante. Le travail va bien, il y a de l'activité, mais en raison de la multiplicité des chantiers et de la nécessité de couvrir d'une manière inviolable ce saillant avancé de notre ligne d'investissement, il est nécessaire d'augmenter le personnel.

---

(1) R_b devenu R_j dans la suite.

L'officier de jour envoie l'ordre au sous-officier de la première escouade d'arrêter le travail à $G_8 R_a$ à partir de 11 heures et d'envoyer les deux sapeurs qui y travaillent à l'équipe du saillant γ.

Un forage est décidé depuis le matin dans la direction des bruits signalés la nuit précédente à droite de R_{VIII}. Il partira de la tranchée Thobie, il sera percé à 10 mètres de longueur avec une pente de 50 %. Il sera chargé de 50 kilos de cheddite. Au moment de notre passage, le forage a 8 mètres de longueur et se poursuit normalement. Du rameau R_{VIII} on entend toujours les bruits ennemis. Le sergent reçoit des ordres précis : aussitôt les 10 mètres atteints, il fera le chambrage, chargera et fera exploser sans autre avis. A cette profondeur la charge de 50 kilos fera simplement camouflet.

En suivant la tranchée Thobie, qui s'éloigne maintenant de la ligne ennemie (elle en est à une distance d'une centaine de mètres environ), nous croisons successivement les rameaux R_{VII}, R_{VI}, R_V, R_{IV}, et nous arrivons dans le saillant β. Le sergent mineur nous donne les renseignements qui peuvent intéresser l'allure générale de la guerre de mines. Les questions de détail dans ce saillant sont réglées par le sous-lieutenant R... L'opportunité des fourneaux, leur chargement et la mise de feu sont assurés par le génie.

Aujourd'hui rien d'anormal. A la galerie G_5 on répare la partie démolie par l'explosion du 29. On rétablit le rameau R_f par G_5. Ce rameau est entièrement comblé et les boisages fracassés. Le rameau R_i établi à gauche sur le rameau R_e a un avancement total de 6 mètres en fin de journée. Nous rentrons au poste de commandement par la sape V, la tranchée Mathis, le boyau Bonet et le boyau Magne. Il est 11 heures et la liaison avec l'infanterie se fera au cours de l'après-midi. Nous aurons ainsi toutes les observations faites par les officiers, nous connaîtrons les points où une activité particulière s'est manifestée, les renseignements de patrouilles, etc., etc.

Les incidents de cette journée sont de peu d'importance. Le

camouflet préparé à côté de R_{VIII} explose à 17 heures, on a entendu travailler l'ennemi jusqu'au moment de l'explosion. Un léger bourrelet s'est produit à la surface du sol, qui s'est largement fissuré dans un rayon de 2 à 3 mètres.

Aucun bruit ennemi n'est signalé ni de la galerie 6, ni de la galerie 7. Nous en sommes un peu étonnés, et des écoutes, auxquelles d'ailleurs il ne faut attacher qu'une importance très relative, laissent craindre que les Allemands ne soient sous notre première ligne. A 5 mètres à droite de l'entrée de la galerie 6, on fait dans le fond de la tranchée et dans une entaille du parados un forage vertical. A $3^m 5o$ de profondeur la barre à mine se coince contre un silex et il faut arrêter le travail.

Un deuxième forage entrepris à 3o centimètres de distance du précédent est descendu jusqu'à 8 mètres. Une file de cartouches de cheddite, fixées sur une tringle, les unes au bout des autres, est introduite dans le trou. L'explosion donne un puits de 5o à 8o centimètres de diamètre.

Les écouteurs signalent des bruits ennemis à β R_i, en tête et à droite, de 3 à 4 heures du matin, et d'un point situé dans R_f à 12 mètres de G_5 on entend l'ennemi à 1 ou 2 mètres à gauche et à 5 mètres de profondeur environ au-dessous du niveau de l'écoute. De même, bruits allemands de R_k à peu près au niveau de notre rameau et à une assez grande distance à gauche et en avant.

A γ G_7, de 23 à 24 heures, bruits à gauche du rameau de gauche.

Le 1er avril, on commence le boisage en puits à la Boule du puits d'écoute exécuté hier à l'aide d'une charge allongée, à côté de l'entrée de G_6; au départ on place un cadre à oreilles.

Il n'y a pas eu d'incidents, mais les écoutes ont donné des résultats positifs.

A R_r β, à 10 mètres de l'entrée, on a entendu des bruits provenant d'un point situé à environ 2 mètres à droite de la paroi et à 5 ou 6 mètres en contre-bas. Ces bruits ont été perçus à plusieurs reprises dans l'après-midi et vers minuit. Du rameau R_k on a entendu l'ennemi au niveau du rameau et à une assez grande distance à gauche et en avant. Il a été entendu également à 10 mètres environ à droite de l'extrémité de ce rameau.

A la galerie G_8, vers 16 heures on a remarqué quelques coups de pic en tête à droite et plus bas. Ils sont assez éloignés.

A R_{viii}, vers $16^h 3o$ des bruits de pic en tête du rameau de droite semblent éloignés et pourraient bien provenir de la tranchée Thobie ou de $R_e \gamma$.

Il arrivait ainsi souvent de rester dans l'incertitude au point de vue de la nature des bruits, surtout lorsque, comme c'était le cas ici, ces bruits étaient certains, contrôlés, et que les écoutes précédentes ou que les renseignements pris au cours des tournées, ou l'observation des parapets ennemis ainsi que la conversation avec l'officier d'infanterie les rendaient tout à fait vraisemblables.

D'ailleurs quand l'écouteur constatait un bruit anormal, très rapproché, il s'énervait, la nuit surtout, comme nous l'avons déjà fait remarquer. Immédiatement il venait au poste de commandement et l'officier de jour se rendait au point critique, s'entourait de tous les renseignements possibles, faisait des écoutes et en trouvait généralement la cause. Très souvent le bruit était réel, mais avait une provenance toute différente de celle envisagée par l'écouteur.

La circulation des fantassins dans le saillant γ, leurs travaux de toutes sortes, nos propres travaux dans le réseau compliqué que nous commençons à avoir, tout cela produit un mélange de sons, dont la résultante paraissait parfois être un bruit rapproché, venant du côté ennemi.

Que d'erreurs il y eut dans ces écoutes faites par des oreilles inquiètes! A cette époque nous sommes arrivés aux belles journées de soleil et certains jours on entend de la galerie 6 un ronflement bizarre et sonore qui affole tout le personnel. Les Allemands, dit-on, ont installé des perforatrices électriques et

vont maintenant nous gagner de vitesse! En effet, le bruit était
bien celui d'un outil entrant avec rapidité dans la terre ou la
craie, il était tantôt lointain, tantôt rapproché. Dans ces mo-
ments-là les travailleurs en tête de rameau n'étaient pas tranquilles du tout. Enfin, après bien des investigations, nous nous
aperçûmes que ces bruits extraordinaires se produisaient lorsque
des avions venaient survoler nos lignes. Les entonnoirs qui sépa-
raient les tranchées de première ligne faisaient caisse de résonance,
et transmettaient un ronflement caractéristique de moteur dans
nos galeries. Combien de fois, d'ailleurs, l'ennemi dut avoir des
inquiétudes de même nature! Nous étions d'autant plus dérangés
que nos écoutes étaient très sérieuses et ne laissaient échapper
aucun bruit, aucun incident du sous-sol.

L'écouteur avait devant lui l'inconnu dans lequel ses oreilles
discernaient assez bien les faits et gestes de l'ennemi. D'une
manière générale il se trompait peu et il donnait parfois des pré-
cisions remarquables. Nous en avons une idée par celles que
nous donnons dans ce livre.

Le 2 avril, les écoutes signalent le travail de l'ennemi à β :
1° dans R_e à 10 mètres de l'entrée et en contre-bas; 2° dans R_k
en tête et à gauche; 3° dans G_5 en tête et à gauche; 4° dans R_i
en tête et à droite. Ces renseignements sont confirmés par plusieurs écouteurs et par des travailleurs. Il n'y a aucun doute,
les mineurs allemands redoublent d'activité pour reprendre
l'avantage sur nous. A γ, on entend travailler les Allemands :
1° à G_6 dans le prolongement du rameau de combat de droite,
à 15 mètres environ de la tête; 2° à droite de la tête de R_{VIII} à
une quinzaine de mètres; 3° dans le prolongement du rameau
de combat de gauche en tête de G_7, à 20 mètres au moins de
distance.

A ϵ, on entend également l'ennemi en tête de G_8, mais très
loin.

L'ensemble de ces écoutes est symptomatique, il est certain
qu'un redoublement d'énergie amène nos adversaires vers nous.

Il est probable que nos derniers fourneaux ont eu un effet meurtrier et des ordres ainsi que des troupes nouvelles ont apporté une influence considérable.

De notre côté il faut agir immédiatement avec vigueur. Notre situation s'est améliorée, mais un coup malheureux peut nous plonger de nouveau dans l'incertitude avec des victimes à déplorer. Mieux vaut donc prendre les devants, sacrifier une partie de nos galeries, ce qui est le cas au moment de l'explosion de nos fourneaux, mais avoir la conviction de faire place nette devant nous et repartir avec une énergie croissante dans un terrain bouleversé et difficile, mais exempt de pièges.

La situation est grave surtout à β et γ, l'ennemi qui est proche peut nous gagner de vitesse. Pour le moment il travaille avec ardeur sans se préoccuper de nos écoutes. Nous continuons à faire du bruit dans nos rameaux et galeries, et la décision est prise de faire deux fourneaux importants à β, l'un à R_j, l'autre à R_k. A l'extrémité de ce dernier rameau on creuse une chambre de mine à 80 centimètres au-dessous du sol du rameau, on y fait le chargement et le bourrage d'un fourneau de 500 kilos. On exécute un rameau descendant à 40 °/₀ pris en retour sur la droite, à 14 mètres de G_5. Sa longueur est de $2^m 50$. En tête on creuse une chambre de mine, on charge et on bourre un fourneau de 200 kilos.

Pendant le bourrage l'infanterie a été avertie que vers le matin deux fourneaux importants exploseraient. A $3^h 30$ tout le monde est avisé qu'il y a lieu d'évacuer les abords du saillant β dans un rayon de 70 à 80 mètres. A $3^h 40$ le mouvement est terminé et les officiers d'infanterie font savoir que l'on peut faire la mise de feu. Quelques instants après une détonation extrêmement violente se produit, une fumée opaque monte en l'air. Pendant quelques secondes on entend le fracas des blocs de craie et de mottes de terre qui retombent. Brouhaha, panique dans la première ligne allemande, suivis d'une fusillade intense qui dure quelques instants; puis, tout retombe dans le silence.

Tous nos rameaux et toutes nos galeries de β sont remplis de fumée et de gaz délétères, il faudra attendre plus d'une heure avant de pouvoir y pénétrer. On constate qu'en arrière de nos bourrages notre réseau n'est pas endommagé par les explosions, sauf la galerie G_5.

Le remue-ménage de la tranchée ennemie ne nous a pas trop surpris. C'est la première fois que d'un seul coup nous faisons partir une charge aussi importante : 700 kilos. Les charges étaient placées à une profondeur relativement faible si l'on considère qu'elles devaient agir dans des entonnoirs déjà existants et dans un terrain fortement délité par les explosions antérieures tant françaises qu'allemandes. Jusqu'au moment de la mise de feu, les mineurs ennemis continuaient le travail et étaient entendus des nôtres.

Dans la journée du 3 avril la situation générale des travaux est la suivante. Pour donner un exemple de compte rendu de l'officier de jour, nous recopions ci-dessous les tableaux d'effectif et d'avancement des travaux pendant la journée du 3 et la nuit du 4 avril :

1° Effectif de jour.

	GÉNIE		PIONNIERS		Territo-riaux	Travaux
	Gradés	Hommes	Gradés	Hommes		
1re escouade.	2	11	2	6	12	G_8, 9 et 10.
2e escouade .	2	13	1	6	12	$R_{v, vi, vii, viii}$, $G_6 R_e$.
3e escouade .	2	10	1	6	12	G_6, 7, R_{xi}.
Totaux.	6	34	4	18	36	

Malades : 4. — Artificiers : 3.

2° Effectif de nuit.

	GÉNIE		PIONNIERS		Territo-riaux	Travaux
	Gradés	Hommes	Gradés	Hommes		
10e escouade.	2	10	1	8	12	G_8, 9 et 10.
11e escouade.	2	8	»	5	12	G_6, 7, R_{xi}, puits f et G_{12}.
12e escouade.	1	10	1	5	»	$R_{v, viii}$, $G_6 R_e$.
Totaux.	5	28	2	18	24	

Malades : 4. — Artificiers : 3.

3° Tableau d'avancement des travaux.

DÉSIGNATION des chantiers	AVANCEMENT		LONGUEUR totale	OBSERVATIONS
	Jour	Nuit		
R_V	0,95	0,60	16.35	A R_V, R_{VI}, R_{VII}, R_{VIII}.
R_{VI}	0,80	»	10.30	G_6, R_e, G_8, G_7, R_{XI}, arrêt du
R_{VII}	0,80	»	11,80	travail depuis 15 h. jusqu'à la relève du soir (tir d'artil-
R_{VIII} à droite	1,20	0,70	18.80	lerie).
R_{VIII} à gauche	0,80	0,30	15,10	
G_6 à droite	Réparations des éboulements dans les rameaux de combat.	0,60	8.30	
G_6 à gauche		1,10	6.80	
R_e	0,90	0,45	»	Travail interrompu par manque d'air.
G_7 à droite	0,50	1,40	8,10	
R_{XI}	0,75	1,00	11.60	
G_8 à droite R_e	1,10	0,70	18,20	
G_8 à gauche R_a	0,85	0,75	16,35	
G_9 à droite	0,30	1,15	14.00 (a partir du retour).	Rencontre du rameau de combat abandonné à la suite du fourneau français du 19 mars.
G_9 à gauche R_a	1,05	0,70	18,65	
G_{10}	1,15	1,00	12.40	
G_{11}	Préparation de l'entrée	»	»	
G_{12}	0,90	0,90	1,80	
Puits f.	0,90	0,90	6.00	

A 15 heures, le colonel commandant la brigade donne l'ordre d'évacuer la tranchée Thobie, la fausse tranchée Thobie et la tranchée Augier, depuis le boyau Genet jusqu'au boyau des Béarnais. Le travail n'est repris que le soir. Cette décision a été prise à la suite des écoutes signalées hier dans les divers rameaux du saillant γ. On avait concentré les efforts des sapeurs sur le saillant β pour effectuer rapidement les deux fourneaux dont l'explosion a eu lieu ce matin. Un tir d'efficacité d'artillerie sur γ empêchera l'ennemi de poursuivre son avance et démolira, espère-t-on, ses entrées de galeries.

Vers 15ʰ 30, se produit l'explosion d'un fourneau allemand entre les galeries 4 et 5. Les galeries et les rameaux n'ont pas été endommagés.

Aux galeries G_8 et G_9, un nivellement a été fait, qui a donné les résultats suivants. La différence de niveau entre l'entrée de

G_8 (le sol de l'entrée étant pris comme 0,00) et le sol de l'entrée de G_9 est de 1^m37. L'extrémité du rameau c de G_8 est à la cote (-7,50) et l'extrémité du rameau a de G_9 est à la cote -9,40.

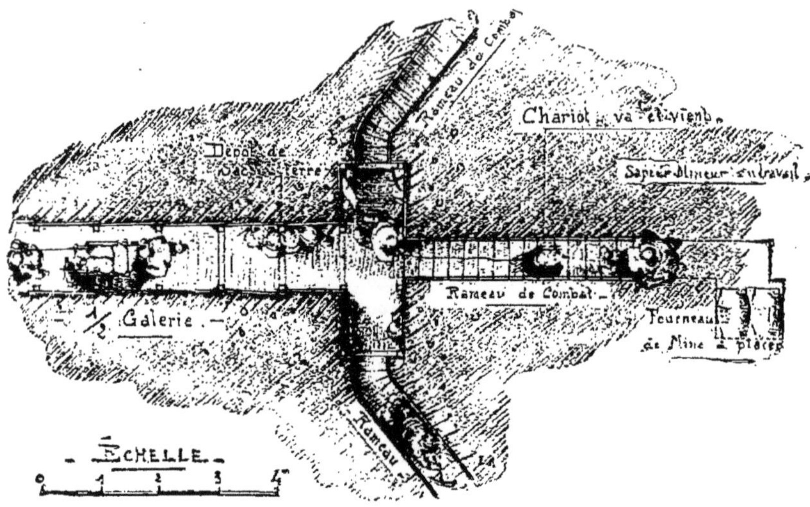

FIG. 63 — TRAVAIL DE MINE (SCHÉMA), DÉPART EN TROIS RAMEAUX DE COMBAT AU FOND D'UNE DEMI-GALERIE

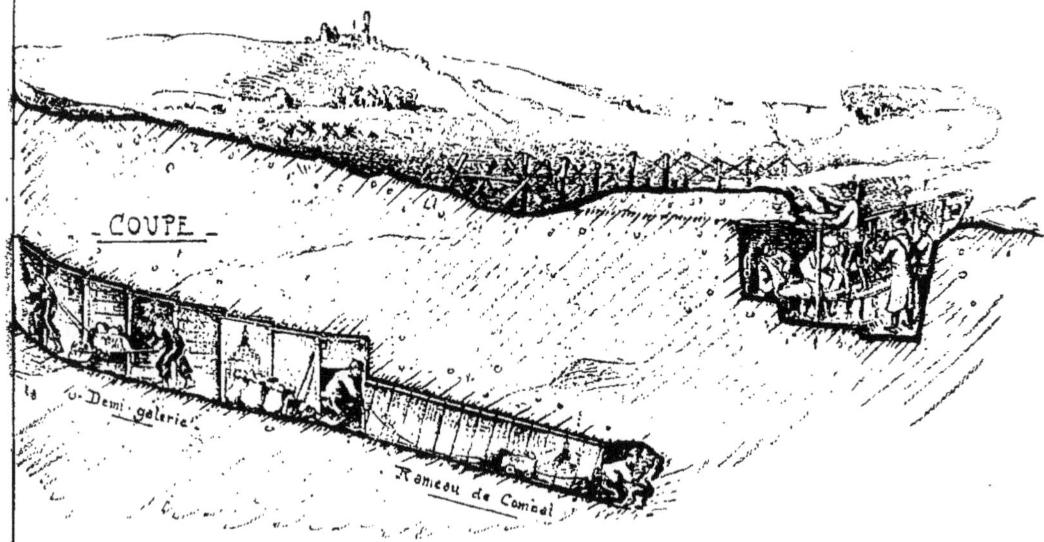

FIG. 64 — COUPE DU MÊME TRAVAIL DE MINE (FIG. 63) SUIVANT L'AXE DE LA DEMI-GALERIE ET DU RAMEAU CENTRAL DE COMBAT

Toutes ces cotes sont rapportées au 0,00 de G_8. Les ordres antérieurs sont de donner à R_c de G_8 une pente de 0,20 par mètre et à R_c de G_9 de 0,25 par mètre. En maintenant ces dispositions à R_c et G_8 sur 5 mètres de longueur encore et à R_c de G_9 sur 2 mètres, on aura respectivement les cotes ($-8,50$) et ($-9,90$) à raccorder.

La distance totale entre les entrées de R_c G_8 et de R_a G_9 est de 67 mètres. En tenant compte des indications ci-dessus, on aura la cote ($-8,50$) à R_e G_8 à une distance de $20^m 85$ et la cote ($-9,90$) à R_e G_9 à une distance de $18^m 10$. Il restera pour le raccordement une longueur de ($67^m 00 - 38^m 95$) $= 28^m 05$ avec une pente uniforme de R_e G_8 vers R_a G_9 de $\dfrac{9,90 - 8,50}{28,05} = 0,05$ par mètre.

Nous suivons aujourd'hui avec le lecteur les dispositions de détail analysées par l'officier de jour, qui avait constamment à surveiller ces questions qui n'étaient pas sans importance. Il fallait alors se préoccuper de faire respecter par les chefs de chantier les pentes et les directions de manière à ne pas faire fausse route et à pouvoir situer d'une manière approximative les galeries ennemies, d'après les renseignements des écoutes. Un sous-officier, conducteur des Ponts et Chaussées, était chargé de cette mission. Il tenait à jour un grand plan d'ensemble au $1/500^e$, sur lequel on étudiait, après l'annonce et le contrôle des écoutes, les fourneaux de mine, dont la charge et la position dépendaient en partie des renseignements ainsi obtenus.

A G_5, à la suite des explosions du matin, la galerie est à réparer à partir du $29^m 70$. Le boisage est très endommagé. Les montants, les chapeaux et les semelles sont cassés. On reprend la galerie à côté de l'ancienne à gauche.

Le 4 avril, un fourneau allemand explose entre G_5 et G_4 à $15^h 5$, en avant de la tranchée Thobie et forme fougasse. Quelques soldats d'infanterie ont été contusionnés par la chute des blocs de terre. Nos galeries et nos rameaux n'ont pas souffert. L'explosion de ce fourneau avait été précédée, quelques minutes auparavant, d'un camouflet. A 1 heure, un second fourneau ennemi explose à gauche de l'extrémité du rameau R_e β. Les rameaux et galeries sont intacts. Il n'y a pas eu d'accidents. L'ennemi essaie de nous démoraliser par des fourneaux préparés trop loin de nous et il n'aboutit à aucun résultat.

Les écoutes signalent à G_6, dans les deux rameaux et en particulier dans celui de gauche, des bruits de pelle et de pioche de 21 heures à $3^h 3o$.

Il est bien certain que devant nos saillants les Allemands font des efforts désespérés. On les entend constamment travailler, et ils ne prennent même aucune précaution pour éviter d'être entendus. Ils frappent à la pioche dans les parois de craie, et l'on perçoit nettement les coups. Le nombre de leurs attaques paraît se multiplier, et la meilleure preuve en est dans la continuité du travail, malgré les explosions qui exigent un débourrage et par conséquent un arrêt momentané de l'avancement dans les rameaux qui ont servi à établir les fourneaux.

Le 5 avril, à β, de 17 heures à 19 heures, on entend très distinctement le travail de l'ennemi. Les bruits sont perçus : 1° du rameau R_e à 12 mètres de l'entrée sur la gauche et un peu en contre-bas; 2° du rameau R_i à 3 mètres en arrière de l'extrémité, à gauche et à peu près au même niveau. Étant donnés les fourneaux partis antérieurement d'une part et les bruits entendus par R_i d'autre part, on en déduit qu'une galerie ennemie se dirige obliquement vers la tranchée française. Un fourneau de 4oo kilos destiné à démolir cette galerie est chargé en tête de R_i et joue le 6, à $4^h 5o$.

Ce saillant β est le théâtre journalier d'incidents et d'explosions. Mais nous avons vu que les derniers fourneaux ennemis ne nous ont pas fait, jusqu'à maintenant, le moindre mal; tandis que les nôtres, fortement surchargés, sont préparés en des points judicieusement choisis d'où ils peuvent atteindre les rameaux ennemis, et chaque fois que nous faisons la mise de feu, le mineur allemand travaille encore. Nous prenons toutes les dispositions pour lui laisser l'illusion de la continuation normale de nos travaux, pendant que nous effectuons le chargement et le bourrage de nos fourneaux, car, si nous faisons des écoutes, lui-même en fait aussi. Pour le surprendre, il ne faut donc pas s'arrêter subitement de frapper dans la craie ou l'argile, de boiser et de traîner les déblais en sac sur le sol. Un silence prolongé, après une période d'activité, est l'indice évident de mauvaises intentions de la part de l'adversaire. Dès lors, on doit se tenir sur ses gardes; la ruse sert donc ici comme en toutes choses. Il ne peut y avoir en tout cela de principes rigides et absolus, et le mieux est dans la variété qui assure le succès.

A γ G_6, en tête des deux rameaux partant de G_6 et dans leur prolongement, on a entendu des bruits assez éloignés. Depuis quelques jours, ce saillant est bien tranquille, nous travaillons de toutes nos forces et nous gagnons du terrain. Nous avons dépassé le milieu de l'intervalle qui sépare notre première ligne de la première ligne allemande. Allons-nous réussir à nous avancer encore de quelques mètres et aurons-nous enfin, là aussi, la supériorité, qui commence à s'affirmer sur toute la ligne?

Vers 7 heures, les fantassins signalent des bruits sous la tranchée à 5o mètres à l'est de R_x. Ces indications sont certainement fantaisistes.

Dans la journée du 6 avril, nous allons avoir la confirmation de la supériorité prise par nos sapeurs. Tous les travaux en cours à β ont dû être interrompus à partir de midi à cause du bombardement intense dirigé particulièrement sur toute cette région.

Traqué dans ses galeries, dans l'impossibilité d'arrêter notre progression par ses mines, le mineur ennemi a dû demander un tir d'artillerie lourde et de minenwerfers sur nos saillants β et γ.

Au cours de ce bombardement et vers 13^{h}45, un obus allemand tombe à peu près à l'aplomb du 7e cadre de la galerie G_5. A cet endroit, il y avait à peine 2^{m}5o de terre au-dessus du ciel de la galerie. L'explosion de l'obus provoque l'écrasement de la galerie entre les intervalles 5 et 10. Pendant ce tir d'efficacité, les hommes n'avaient pu évacuer les déblais à l'extérieur, trois soldats mineurs du sous-lieutenant R..., deux auxiliaires d'infanterie employés habituellement à ce travail se tenaient dans la galerie à hauteur du 7e cadre, le sous-officier chargé de la surveillance de ces travaux s'était joint à eux. Ils étaient assis ou accroupis contre les parois au moment de l'explosion, tous les six furent tués.

Dès que l'accalmie survint, on se mit à la réparation de la galerie pour dégager les hommes pris sous l'éboulement. Par un puits fait dans la tranchée Thobie, on put pénétrer dans la galerie G_5 du côté de l'éboulement opposé à l'entrée. Aucun appel, aucun signe de vie, tout espoir était perdu. Le déblaiement poursuivi aussitôt ne permit de retrouver que les cadavres écrasés.

FIG. 65 — ENTRÉE DE LA GALERIE 9, EN CONTRE-BAS DE LA TRANCHÉE DE TIR (CLICHÉ M...)

Dans cette même journée, des bruits de perforatrice sont entendus sur la droite de G_7 à 8 mètres de l'entrée et à un niveau légèrement inférieur.

Le 7 avril, de 6h45 à 7 heures, on signale des bruits très

éloignés en avant de R_b G_8, qui sont entendus de nouveau pendant la nuit. On perçoit des bruits à droite de G_7.

Le tir de·l'artillerie allemande d'hier a marqué nettement l'état d'esprit de nos adversaires, leur inquiétude et l'impossibilité dans laquelle ils se trouvent de pouvoir nous tenir tête. Ils reculent sans aucun doute.

Les 8, 9, 10, 11, 12 et 13 avril, il n'y a rien à signaler et nous allons être dans une situation excellente pour faire un avancement·rapide. D'autant plus que nous avons maintenant deux nouveaux chantiers G_{11} et G_{12}, qui sont conduits par la 9/2 T sous notre direction.

Cette période de calme de près d'une semaine est assez curieuse; les Allemands paraissent travailler très peu, ou bien il faudrait qu'ils aient totalement changé leurs méthodes. On ne les entend plus. Nous mettons à profit ce temps précieux et, bien que nous ayons par instant quelque crainte de piège, nous augmentons de plus en plus l'avancement journalier, qui atteint, les 11-12, $30^m 60$, sans compter l'avancement aux divers chantiers de β.

Les 14-15 avril, des bruits sont entendus vers $5^h 30$ en tête de G_5. Ils paraissent venir d'un niveau inférieur, mais ils ne sont pas bien nets.

A γ, en tête de la 1/2 galerie 6, pendant toute la nuit de 20 heures à 3 heures et de $3^h 30$ à 6 heures, on entend des bruits venant de la gauche et assez éloignés. Leur nature ne peut être précisée.

A ε, des bruits éloignés à droite sont entendus constamment. Nous sommes enfoncés profondément dans la craie compacte dans laquelle le son du pic se transmet très loin, là nous pouvons attendre sans crainte. Le travail continue sans danger, on se contente de surveiller l'ennemi qui n'est pas menaçant pour le moment.

A 16 heures, un fourneau allemand explose très à droite de notre galerie G_{10} et très près de la tranchée allemande. Il n'y a pas le moindre dégât.

L'ennemi n'a pas pu se tromper d'une manière aussi grossière sur l'appréciation des distances. L'exécution de ce fourneau ne peut se comprendre que par le désir. de faire une diversion : l'adversaire veut nous faire croire que nous sommes menacés par ses mines sur l'extrême droite de notre secteur, en un point où la distance des lignes est de 100 mètres au moins. Il espère sans doute aussi nous persuader que la guerre de mines est engagée sur tout le front, non seulement sur les saillants, mais aussi sur les intervalles.

Il est bien certain que ce fourneau intempestif nous fit envisager la possibilité de mines ennemies en des points où nous n'en aurions pas cru primitivement et que nous redoublâmes de vigilance et d'activité. Ce fut dès lors que se poursuivit le travail de couverture générale de notre première ligne par un réseau souterrain. D'ailleurs maintenant nous avons bien repris l'avance sur l'adversaire, et un surcroît de travail ne nous fait pas peur, à condition de ne plus connaître l'angoisse de combattre souterrainement un ennemi qui est presque rendu sous notre première ligne.

Désormais, nous ne craignons plus les travaux offensifs allemands, car notre réseau, surtout devant les saillants β et γ, est assez serré pour permettre presque instantanément le chargement d'un fourneau.

Les 15 et 16 avril, le rameau R_l de P_5 est arrêté à 14^m25. On termine le boisage.

La galerie G_5 a une longueur totale de 47^m50. On arrête momentanément l'avancement et on commence un rameau, R_m, pris en retour à gauche entre les intervalles 44 et 45. On rétablit les rameaux R_f et R_l par R_e. A R_j, par la galerie G_4, on creuse une chambre de mine en tête à gauche. L'avancement total est de 20^m20.

Le réseau de nos galeries et de nos rameaux s'améliore rapidement et se serre de plus en plus. Notre énergique intervention par des fourneaux puissants et vivement mis en jeu paraît nous avoir libérés d'un danger immédiat et même, nous a laissés dans une position offensive caractéristique.

A R_v, bruits signalés à droite et en avant, qui paraissent provenir de coups de pioche. Ailleurs, il n'y a rien de particulier.

L'avancement total dans cette journée est de $30^m 49$, rien que pour les chantiers de la 20/11.

Les 16-17 avril, à β, en tête du rameau R_m, une surprise attendait nos mineurs. Une paroi de bois se présente derrière une couche de terre qu'un travailleur vient de faire tomber. A cette profondeur, du bois ne peut que nous indiquer la présence d'une galerie ennemie ou d'un fourneau chargé. Avec d'infinies précautions, on poursuit le travail et on constate que l'on se trouve dans un ancien rameau allemand qui a été écrasé par un de nos fourneaux. Heureuse découverte qui nous persuade à la fois que nos écoutes sont exactes et que nos explosions atteignent bien les organes ennemis visés. L'adversaire a-t-il rétabli sa galerie en arrière? A-t-il chargé une nouvelle mine à faible distance de là? Autant de questions que chacun se pose et qui poussent à une grande prudence dans la poursuite des travaux de déblaiement. Un silence absolu est de rigueur, et avec les outils on fait le moins de bruit possible. La direction générale du rameau allemand paraît être la même que celle de G_5. La partie recoupée est bourrée de sacs à terre, le boisage est brisé. On peut supposer que c'est dans ce rameau que se trouvait le fourneau allemand du 12 mars qui a coupé la galerie G_5. Dans cette galerie, au cours de la nuit, de 21 heures à 5 heures, des bruits sont entendus, ils proviennent d'un point situé à 6 mètres à droite de la paroi droite de G_5 et à 2 mètres en arrière de l'extrémité. Un rameau descendant à 30 °/₀ est commencé en tête de G_4. Un fourneau sera chargé si ces bruits se précisent.

A γ R_{vm}, bruits assez éloignés entendus en tête et à droite du rameau de gauche.

Dans la journée du 17 avril, à β G_5, par le rameau R_m, on a travaillé au déblaiement du rameau allemand. Il se confirme que sa direction est bien celle de G_5, mais on n'a trouvé qu'une dizaine de sacs à terre allongés le long de la paroi gauche, l'intervalle entre ces sacs et la paroi est vide. On trouve encore une centaine de sacs vides, deux treillis blancs de plâtriers, une capote de pionnier allemand, avec des boutons en métal blanc, placés le long des sacs pleins. Dans la poche de la capote il y a un paquet de tabac et une adresse portant le timbre de départ de la poste : 12 mars; du côté de l'extrémité de la galerie ennemie se trouvent trois ou quatre grands carrés de toile maculés de sang. On continue le déblaiement, mais avec difficultés. Le terrain est complètement bouleversé, mélangé de bois enchevêtrés et l'air est imprégné

FIG. 66 — TRANSPORT DE DÉBLAIS MIS EN SACS SUR VOIE DE $0^m 40$ DANS UNE DEMI-GALERIE

A gauche une des bougies qui éclairent de distance en distance.

d'une odeur désagréable provenant des gaz d'explosion des fourneaux. On peut affirmer dès maintenant que, contrairement à la supposition faite hier, on se trouve en présence d'un rameau ennemi qui était en cours au moment où l'une de nos explosions a eu lieu, soit celle du 29 mars, soit celle du 2 avril. Il serait intéressant et utile de continuer à dégager ce rameau, mais ce n'est pas sans un danger qui dépasse peut-être l'utilité que l'on

pourrait en tirer. On en était à ces hésitations et à ce doute, tout
en continuant le travail quand, vers 20ʰ30, un fourneau allemand
explose en tête et à gauche de G₉. Moment d'émotion. Il n'y a
aucun dégât. Il n'est pas douteux que ces manifestations excen-
triques, par rapport aux points où s'est déroulée la guerre de
mines des semaines précédentes, prouvent l'inquiétude de l'en-

FIG. 67 — LA MONTÉE DES DÉBLAIS DANS UN PETIT CHARIOT, DU FOND
D'UN RAMEAU DE COMBAT

nemi. La certitude s'affirme pour nous de l'efficacité de nos
fourneaux. Les Allemands ont souffert en β et γ et veulent absolument faire une diversion.

A β, les écoutes indiquent que les bruits entendus hier à G₅
n'ont pas été confirmés ; d'autre part, elles signalent des bruits
éloignés à droite du rameau de gauche de G₉.

Aucune manifestation active n'est négligeable à la guerre. Le
fourneau ennemi de G₉, qui ne nous a fait aucun mal et qui
même, nous en sommes persuadés, n'était destiné qu'à attirer

notre attention sur les saillants nouveaux, a rétabli l'atmosphère d'énervement, déjà oubliée, des journées antérieures. Voilà plusieurs jours que l'ennemi paraît avoir abandonné la partie. Ce n'est pas son habitude de lâcher pied ainsi. Que prépare-t-il? Quelle tactique nouvelle a-t-il adoptée? Ces fourneaux en δ et ϵ éclairent le mystère de ses projets. Mais il travaille certainement encore à β et γ et, si on ne l'entend pas, c'est qu'il le fait maintenant avec la plus grande prudence.

Dans ces conditions, la continuation du déblaiement du rameau allemand n'offre qu'un intérêt plein de danger, d'autant plus que l'avancement est faible avec les difficultés accumulées dans ce terrain retourné. On y travaillera encore deux jours pour essayer d'avoir des renseignements sur les desseins de l'ennemi.

Le 18 avril, à β, par le rameau R_m, on continue le déblaiement du rameau allemand. On trouve de nouveaux sacs à terre vides et un pic de mineur.

On attaque en tête de R_e à droite le rameau qui doit relier G_4 et R_e.

Le 19 avril, à β, on continue le rétablissement du rameau R_f, dont l'avancement total est de $9^m 15$. Par le rameau R_m, on continue le déblaiement du rameau allemand. On trouve des planches et des bois écrasés. Le travail est de plus en plus difficile, on l'arrêtera aujourd'hui.

On commence le rameau R_p dans le prolongement de R_e en pente descendante de 30 °/₀. A $G_4 R_o$, on établit une chambre verticale de 1 mètre de profondeur à l'extrémité du rameau qui a une longueur de $6^m 50$ et qui se trouve à la cote —8,00.

A $4^h 30$, en tête de R_o, explosion d'un camouflet de 75 kilos préparé à la suite de bruits signalés. Nos galeries n'ont pas souffert.

A ϵ, on entend les mêmes bruits que la veille, éloignés et imprécis.

A G_9, bruits de moteur à gauche et en avant de R_b *bis,* entendus à 9 heures, puis de 11 heures à $11^h 45$ et ensuite à 15 heures.

A 19 heures, entre G_6 et $G_6 R_c$, nous avons eu un camouflet allemand, qui n'a fait aucun mal à nos travaux.

Le lecteur est sans doute étonné, comme nous l'étions nous-mêmes à cette époque, du peu d'incidents qui se produisent dans cette période qui fut la plus active comme travail. Plus de fourneaux importants. Les quelques explosions provoquées par nos ennemis ne nous atteignent pas et paraissent produites par

FIG. 68 — LA MONTÉE DES HOMMES, DU FONDS DU RAMEAU DE COMBAT, AU MOMENT DE LA RELÈVE

des gens à l'esprit affolé n'ayant plus qu'une confiance très limitée dans la valeur de leurs moyens de défense.

Cette période de calme n'est-elle pas plutôt une reprise d'haleine, et l'ennemi ne prépare-t-il pas, avec activité, un réveil qui sera terrible pour nous? Les écoutes extrêmement attentives et plus que jamais surveillées ne signalent que des bruits lointains et assez imprécis, alors qu'auparavant les signalements étaient d'une précision remarquable. Les Allemands n'ont pourtant pas renoncé à la lutte de mines, puisque les fourneaux devant δ et ε en augmentent encore le champ. Cela est inquiétant. Quelle responsabilité si soudain nos saillants sautaient sans que nos écouteurs aient rien entendu ! Journellement nos comptes rendus portent aux écoutes la mention : rien à signaler.

Cette période fut certainement la plus pénible pour les officiers de jour. Rien d'anormal ne se produit, l'activité bat son plein dans les galeries et les rameaux. Tous travaillent avec ardeur, sont en confiance et se réjouissent d'une situation devenue presque normale après les jours sombres où chacun s'attendait à voler dans l'espace d'un moment à l'autre. C'est donc un changement total d'attitude. A γ et β, plus de bruits et plus de manifestations énergiques, qui nous laissaient si inquiets. Nos fourneaux rapidement

FIG. 69 — LES DÉBLAIS RETIRÉS DE LA GALERIE G_5 OU TRAVAILLENT LES SAPEURS SONT ÉVACUÉS VERS L'EXTÉRIEUR A L'AIDE DE BROUETTES.

préparés et dont l'explosion remontait déjà à plusieurs semaines avaient-ils eu pour effet de détruire les œuvres vives de l'ennemi et de le mettre dans une posture critique et nettement défensive ? C'est probable, car nous travaillons maintenant avec une grande activité, nous gagnons rapidement du terrain, et les embûches sont rares, au point que les précautions indispensables doivent être rappelées fréquemment aux travailleurs.

Le 20 avril, au puits β P_5, transformation du rameau R_l en demi-galerie. On commence dans la sape 6 une nouvelle sape pour attaquer une galerie G_5 *bis*.

A ε, bruits vagues et éloignés entendus en tête de G_8 dans le prolongement de la galerie.

A la galerie G_9, on entend les mêmes bruits que ceux signalés les jours précédents.

Le 21 avril, à G_6, on entend des bruits ennemis provenant d'un point situé entre le prolongement de la galerie et le rameau de gauche. Vers 18 heures, on perçoit l'explosion d'un chambrage dans cette région.

Le 22 avril, à 9^h30, un fourneau allemand explose à droite de G_6, en tête du rameau de droite. Deux sapeurs qui travaillaient en tête de ce rameau sont tués. Le rameau est complè-

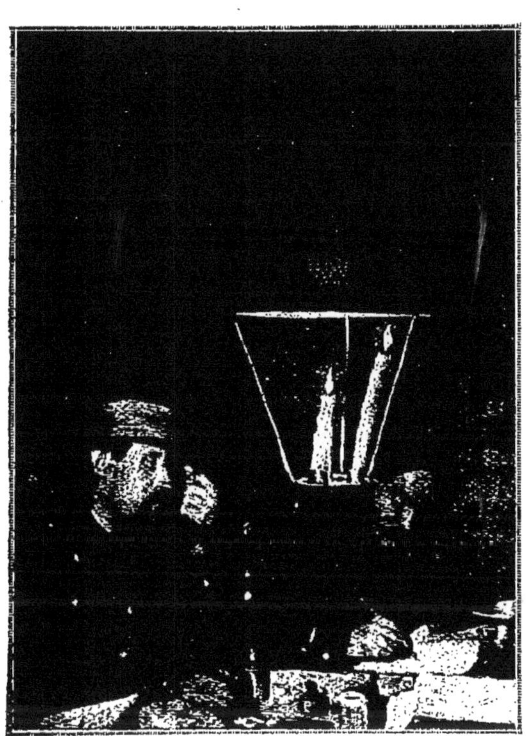

FIG. 70 — LE POSTE DE COMMANDEMENT DU GÉNIE
(Cliché de M...)

tement écrasé. On se trouve en pleine argile, le travail est mené avec la plus grande attention, mais on ne peut pas dégager les mineurs enterrés.

En présence de cette manifestation inattendue, qui nous laisse supposer d'autres projets offensifs, nous préparons immédiatement deux fourneaux. Le premier est chargé de 400 kilos de cheddite, le deuxième de 100 kilos. A 20 heures, on fait la mise de feu. L'explosion ne produit aucun incident.

A 3^{h}3o, on entend des coups de pioche à G_9, en tête du rameau de droite et à gauche. On prépare une chambre de mine éventuelle.

Le 23 avril, à β, à 23 heures, un camouflet ennemi se produit en face de G_5, à proximité de la tranchée ennemie. A

FIG. 71 — LE PARC DU GÉNIE DEVANT CARENCY

La poudrière se trouvait au fond, où l'on aperçoit des sacs à terre sur le parapet.
Cette vue a été prise de l'entrée du poste de commandement.

3 heures, le 24, un fourneau allemand part en face de G_5 à peu de distance de la tranchée allemande. Nos galeries n'ont pas du tout souffert. Ces deux explosions sont caractéristiques et nous montrent à quel point est arrivée la crainte de l'ennemi. Au petit jour, nous allons examiner au périscope l'entonnoir produit par le fourneau du matin ; une série d'entonnoirs se recoupent mutuellement et forment dans l'espace neutre un véritable ravin entre les deux premières lignes. On aperçoit nettement

contre le parapet ennemi de gros blocs de craie et de terre récemment remués, qui proviennent évidemment de l'explosion du matin. Les défenses accessoires sont balayées et une partie même du parapet allemand est entamé. On aperçoit des pelletées de terre qui prouvent que déjà la réparation de la portion de tranchée démolie est en cours.

Cette constatation, que nous faisons remarquer aux sapeurs et aux fantassins les met en joie; il marque l'arrêt absolument certain du mineur ennemi, qui en arrive même à se suggestionner à tel point qu'il endommage ses propres travaux. Le résultat est excellent à notre point de vue, car il devient une manifestation sensible d'infériorité morale qui nous tranquillise au sujet du silence mystérieux des Allemands.

Nous donnons ci-dessous le tableau d'avancement des travaux dans la journée du 23 et dans la nuit du 23-24 avril.

DÉSIGNATION des chantiers	AVANCEMENT		LONGUEUR totale	OBSERVATIONS
	Jour	Nuit		
R_k.	0,50	»	23,50	G_6 R_s. — L'entrée du rameau s'est faite avec difficultés à cause de la nécessité d'étayer les châssis du rameau R_d accolés au châssis d'entrée de R_s,
R_v { à droite	0,25	1,10	11,60	
R_v { à gauche.	0,75	»	16,25	
R_{viii}, R_b.	1,00	0,80	37,30	
G_6 { R_e.	0,80	1,00	4,10	
G_6 { R_s.	0,25	1,00	1,25	G_6. — Réparation de 2 châssis de demi-galerie.
G_6 (réparation)	»	»	»	Réparation du rameau de gauche vers R_d sur une longueur de 2m60.
G_7 { R_o.	0,25	0,75	1,00	
G_7 { R_j.	1,00	1,00	23,00	
G_7 { R_m.	0,75	1,15	16,50	
R_{xii}.	1,20	1,00	11,90	
G_{11}	0,80	0,80	24,30	
G_{12}	1,20	1,00	18,20	
$G_8{}^{bis}$.	1,00	2,00	22,10	
G_8.				
G_9 { R_e.	0,35	»	0,35	
G_9 { R_d.	0,50	1,40	4,70	
G_9 { R_c.	0,35	»	20,75	
G_{10} { à droite	0,70	1,45	19,05	
G_{10} { à gauche.	0,60	0,55	19,35	
R_v	0,50	»	»	
$R_{vi}{}^{bis}$	»	0,75	0,75	
$R_{vii}{}^{bis}$	0,75	»	0,75	

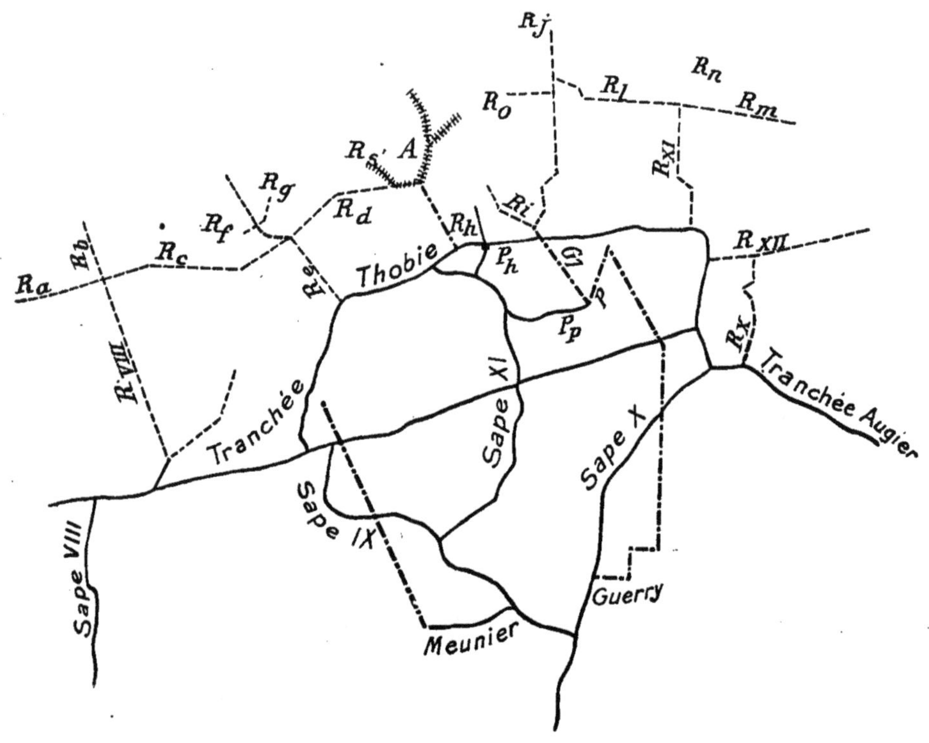

вннннннн Rameaux endommagés ou détruits par les explosions du 22 avril.

------- Galeries et rameaux.

Le passage entre R_d et G_6 est à rétablir.

A droite de G_6, la demi-galerie sera reconstruite et le rameau A sera repris et transformé en demi-galerie.

Le 24 avril, les écoutes signalent à β des bruits ennemis entendus dans le prolongement de G, un peu sur la gauche, mais très loin. Les explosions de la veille nous ont prouvé clairement qu'il n'y a plus de menace de face, mais l'ennemi n'essaie-t-il pas de tourner maintenant la zone dangereuse que nous lui opposons et qui possède un sous-sol complètement bouleversé, empoisonné par les gaz et dans lequel il devient de plus en plus difficile d'établir des galeries ? Cette hypothèse, en supposant qu'elle soit vraie, ne nous préoccupe pas. Nos flancs ne nous donnent aucune inquiétude. Le saillant β est désormais couvert sur tout son pourtour, et les intervalles entre β et la tête de marteau entre β et le saillant γ sont suffisamment protégés par des ra-

FIG. 72 — FORAGE AU MOYEN DE LA BARRE A MINE
(Cliché de M...)

meaux d'écoutes pour que le mineur allemand ne puisse passer sans éveiller notre attention. Il n'en est pas moins vrai que la guerre de mines se développe de plus en plus et que, limitée pendant longtemps à des points déterminés et dans les parties où les premières lignes étaient très rapprochées, elle prend maintenant une grande extension. Si nous restons encore plusieurs mois face à face que se produira-t-il ? Nous finirons par obtenir un véritable secteur souterrain qui n'est plus déjà à l'état embryonnaire et dans lequel il faudra organiser une véritable garde et une surveillance active. Le développement des rameaux et des galeries est considérable, et l'ennemi pourrait bien déboucher dans l'un d'eux à notre insu. N'avons-nous pas nous-mêmes rencontré deux fois déjà le réseau ennemi ?

Pour éviter cette aventure, les écouteurs ont des parcours bien déterminés à surveiller. Les galeries et les rameaux qui leur sont affectés nominativement doivent être suivis fréquemment, et les moindres incidents, les moindres indices ne doivent pas leur échapper. Un contrôle sévère et continuel est exercé. Nous l'avons dit déjà au

FIG. 73 — TRAVAIL A L'AVANCEMENT (DEMI-GALERIE G_2)
PAROI DE CRAIE COMPACTE AU FOND
(Cliché de M...)

cours de ce livre, et nous tenons à le répéter ici à leur honneur, nous avions affaire à des mineurs très compétents et qui comprenaient les responsabilités de leur mission intéressante certainement, mais parfois bien ingrate. Ces braves gens, accroupis dans les rameaux, l'oreille collée contre la paroi, lisaient les intentions des Allemands, et nous avons vu qu'ils nous permirent bien souvent de prévenir les dangers toujours menaçants pour nòs travailleurs. Le sous-lieutenant R... parcourait sans cesse ce dédale souterrain, surveillait, interrogeait, écoutait lui-même, et rien n'échappait à ses investigations.

Les écoutes, dans les saillants β et γ surtout, se heurtaient à

FIG. 74 — TRAVAIL A L'AVANCEMENT AU FOND
DE LA DEMI-GALERIE G_5

une grande difficulté que nous n'avons pas encore indiquée. La couche supérieure du terrain était formée d'argile mélangée de silex et de gros blocs de grès, la couche inférieure était consti-tuée de craie dure à rognons de silex. Ces deux couches n'étaient pas séparées par une surface régulière. Des failles remplies d'argile existaient dans la craie. Les sons se transmettaient très mal à travers ce terrain de nature différente, et il arrivait, dans certains cas, que la présence de l'ennemi ne se révélait que lorsqu'il était très près ; il fallait alors agir sans hésitation et sans délai, au risque, comme cela s'est produit souvent, de retarder notre avance. L'explosion de nos fourneaux arrêtait bien en effet la marche de l'adversaire et lui faisait des victimes, mais elle détruisait toujours aussi quelques mètres de nos rameaux. Le travail était ensuite repris avec plus de tranquillité d'esprit, car nous sentions que nous avions l'initiative des opérations et nous étions sûrs de trouver place nette dans la zone d'action du fourneau.

Nous avions confiance dans les écoutes ; mais, si nous nous arrêtons ici à ces considérations, c'est à cause de l'inquiétude qui se faisait jour pendant cette période, où malgré le peu de bruits entendus, nous avions la certitude que l'ennemi travaillait aussi activement que nous.

Il faut dire que les écouteurs eux-mêmes étaient surpris de ce silence, et ceux qui, la nuit, étaient portés à entendre plus de bruits attribués au mineur allemand, qu'il ne s'en produisait en réalité, rapportaient maintenant des renseignements donnés sans fièvre, avec assurance.

A γ, par exemple, ils signalent des bruits à gauche du rameau R_s de G_6, à 6 mètres de l'extrémité et à peu près au même niveau.

A ε G_9, des bruits de coups de pioche sont entendus jour et nuit par intermittence. Ils sont perçus très nettement à 11 heures et sont très éloignés. Nous sommes dans un banc compact de craie, dans lequel les coups de pic se transmettent clairement à plus de 30 mètres. Dans cette région, on ne peut donc être surpris.

Le 25 avril, il n'y a rien de particulier à β.

A γ, on entend des bruits ennemis très distincts en avant et à gauche du nouveau rameau exécuté à l'extrémité de R_{xi}. A G_6, on signale depuis 4 heures, dans la galerie détruite, un bruit périodique, mal défini ; il est très rapproché, il serait donc important de le préciser. On dirait un écoulement d'eau intermittent, hypothèse confirmée le lendemain.

Les écoutes faites hier dans le rameau R_s ayant été confirmées, un fourneau de 150 kilos de cheddite est préparé immédiatement à l'extrémité de R_s. A $0^h 15$, on le fait exploser. En continuant le travail dans la galerie 6, on débouche dans les entonnoirs. Aussitôt que l'on s'en aperçoit, l'avancement est arrêté et on boise la paroi. Le rameau va maintenant être continué de manière à prendre de la profondeur. Ce terrain de γ a tellement été secoué par les explosions, qu'un ravin profond sépare à présent les deux premières lignes.

Le 26 avril, de $23^h 30$ à $23^h 45$, des bruits de pioche sont entendus à G_{10}, en tête du rameau de gauche, à environ 8 mètres à droite. A G_9, on perçoit des bruits de pioche, de 0 heure à 4 heures, en tête de R_c, à quelques mètres en avant et à gauche.

Partout ailleurs les écoutes ont été négatives.

Le 27 avril, à $R_c \beta$, on entend pendant la nuit, à plusieurs reprises, des bruits ennemis à une distance de 5 à 6 mètres dans le prolongement du rameau.

Voilà donc encore le contact repris sur ce point. Nous préférons cela, il vaut mieux savoir à quoi s'en tenir, que d'être environné d'un silence inquiétant, lorsqu'on connaît l'entêtement et l'activité de son adversaire.

A G_9, les écouteurs signalent en avant de R_d des bruits très faibles avec de fréquentes interruptions. A R_c, ils entendent des bruits très distincts qu'ils supposent provenir de 5 à 6 mètres. A R_b, ils indiquent des bruits très faibles en avant et à gauche.

A G_{10}, des bruits très éloignés sont entendus à droite de l'extrémité de R_a.

Notre hypothèse d'une activité plus grande de l'ennemi ayant pour but de dégager les saillants β et γ, où il se sent maintenant mal accroché paraît se confirmer et se préciser de plus en plus.

Le 28 avril, les bruits ennemis signalés à $R_c \beta$ se rapprochent assez vite. On les entend maintenant à moins de 4 mètres; vers 9 heures, ils sont très nets dans une direction située dans le prolongement de notre rameau.

Un camouflet de 400 kilos de cheddite est préparé sans bruit, on le charge dans la chambre prête à l'avance à l'extrémité de R_e. Il explose à 16ʰ30. L'ennemi travaille encore au moment où l'on fait évacuer toutes les galeries, quelques minutes avant la mise de feu.

Nous faisons remarquer qu'il s'agit d'un camouflet et non d'un fourneau. Insensiblement et dans la nécessité de s'enfoncer toujours au-dessous de l'adversaire pour rencontrer un terrain vierge, nous en arrivons à dépasser la cote (— 15,00). Nous sommes en pleine craie, c'est ce qui explique qu'une charge de cette importance puisse produire seulement un camouflet.

A G_9, les mêmes bruits que ceux de la veille et de l'avant-veille sont perçus le matin vers 8 heures, à 5 mètres de la paroi gauche. Un camouflet de 150 kilos est immédiatement chargé et explose à 19 heures.

Malgré les explosions successives et journalières déclenchées contre l'initiative ennemie, nous ne perdons pas de vue que le but primitif et absolu de repousser les Allemands et de les mettre dans une position défensive ne doit pas faire oublier que nous devons, à l'abri de notre réseau défensif, pousser des galeries offensives le plus loin possible. D'ailleurs, cette condition s'impose d'une manière impérieuse, car il est question maintenant d'une grande offensive dans notre région, et il faut que nous nous tenions prêts à mettre en œuvre une série de fourneaux dans un délai de deux à trois jours au maximum.

Actuellement nous avons, avec le peloton de mineurs, une trentaine d'attaques en galeries où en rameaux. On se rendra compte de l'activité déployée par le tableau suivant qui, pour les vingt-quatre chantiers de la 20/11 seulement, exclusion faite par conséquent du peloton du sous-lieutenant R..., donne un total pour vingt-quatre heures de 34ᵐ70 d'avancement.

DÉSIGNATION des chantiers	AVANCEMENT		AVANCEMENT total	OBSERVATIONS
	Jour	Nuit		
Tête de marteau R_{IV}	1,10	1,00	2,10	(1) On a travaillé à dégager le corps de Caregnato (Rodolphe) qui a été retiré à 0^h30. C'est l'un des deux sapeurs ensevelis par l'explosion du fourneau allemand du 22.
$R_{IV}{}^{bis}$	0,95	0,80	9,20	
$R_{IV}{}^{ter}$	1,05	1,00	12,25	
Saillant γ R_a	1,00	0,45	11,15	(2) Gros blocs rencontrés, qui ont obligé à changer de direction.
R_w	1,10	1,30	8,35	
R_y	1,00	1,00	3,55	
R^t	1,10	0,55	2,85	
R_e	»	0,50	0,50	
G_6	1,05	0,95	4,30	
R_o	0,50	» (1)	4,85	
R_i	1,15	0,95(2)	2,55	
R_x	0,25	1,00	1,25	
R_y	1,20	»	»	
R_{XII}	0,85	»	»	
Saillant δ G_{11} R_a	0,75	0,50	5,75	
G_{11} R_h	0,80	0,70	6,60	
G_{13}	1,20	»	1,20	
G_{12} R_a	1,00	»	1,00	
G_{12} R_b	0,65	0,35	1,00	
Saillant ε G_8 R_b	0,50	0,50	2,45	
$G_8{}^{bis}$	0,65	1,00	8,20	
G_9 R_f	0,50	0,70	1,20	
G_{10} R_d	0,45	1,05	7,80	
G_{10} R_b	0,85	0,65	10,10	
TOTAUX	19,65	15,05		

L'avancement de jour est toujours plus considérable que celui de nuit, parce que l'évacuation des déblais, le transport du matériel de toutes sortes sont plus faciles.

Le 29 avril, à G_9 de 19 heures à 20 heures, on entend des bruits faibles, mais rapprochés, en tête de R_d et plus haut.

A β, des bruits sont signalés en tête et à droite de R_k et de R_i.

A la relève, les écouteurs entendent des bruits très nets à G_{10} à droite de R_b et à gauche de R_c.

Plusieurs sapeurs sont incommodés pendant la nuit à $R_s{}'$ par les gaz dont les terres déblayées sont imprégnées.

Vers 13^h30, un fourneau ennemi explose à 10 mètres de la tranchée allemande sur la droite de G_5, sans effet naturellement sur notre réseau souterrain. Cette situation devient vraiment originale. Le mineur ennemi est repoussé par étapes successives, mais il veut donner signe de vie et il fait des fourneaux tout contre son parapet. Mais, comme il faut malgré tout se méfier d'un adver-

FIG. 75 — RÉGLAGE D'ARTILLERIE PAR UN CAPITAINE
DEPUIS LES TRANCHÉES FRANÇAISES

saire aussi méthodique que celui contre lequel nous luttons et qui nous a rarement habitués à constater chez lui un manque absolu de logique, nous cherchons des raisons à cette nouvelle manière de procéder. Il ne nous paraît pas, après examen attentif du parapet, des entonnoirs, qu'il y en ait d'autres qu'une action effective de nos fourneaux qui produisent chez lui un énervement latent et la perte complète de sang-froid.

Quelques jours plus tard, d'ailleurs, la visite de ses tranchées et de ses mines ne nous permettra pas d'expliquer autrement ces manifestations parfaitement intempestives pour sa sécurité.

Le 30 avril, à β, on creuse une chambre de mine dans le rameau R_r, à l'extrémité à droite. Elle pourra être utilisée éventuellement, si l'ennemi manifeste brusquement sa présence. La demi-galerie de R_e est complètement réparée de même que les rameaux R_m et R_i. On rétablit le rameau R_p.

Les mineurs sont en pleine confiance et ils travaillent avec une activité remarquable. Le fourneau allemand d'hier est l'objet de leurs commentaires, et ils ne doutent pas un instant de l'ascendant moral complet qu'ils ont pris sur l'ennemi.

Nous rappelons ici, pour mémoire simplement, des bruits qui auraient été entendus dans le prolongement de R_{IV} à la tête de marteau, à 7 ou 8 mètres de l'extrémité du rameau. Cette écoute nous paraît complètement fantaisiste, elle ne répond à aucune vraisemblance et ne fait, pour le moment, qu'attirer un peu notre attention. Un excellent écouteur y est envoyé, il nous fixera d'une manière définitive sur la valeur de ces bruits.

A G_9, des bruits sont signalés à 10 mètres du rameau de gauche. A G_{10}, des bruits très nets sont entendus de la tête du rameau qui prolonge G_{10} et d'un point du rameau de droite situé à 10 mètres de l'entrée. L'origine de ces bruits est à 8 mètres à droite de l'extrémité du rameau. Ils sont remarqués d'une façon à peu près continue, sauf de 16 à 2 heures.

Vers 3 heures, un fourneau allemand explose à proximité de la tranchée ennemie en face de R_e β; il est sans effet sur notre réseau souterrain.

L'affolement paraît grandir chez notre adversaire; ces explosions qui endommagent ses travaux et n'atteignent pas les nôtres, sont sans aucun doute le résultat d'une crainte qui ne peut être justifiée que par des pertes antérieures. D'ailleurs, les documents saisis quelques jours plus tard dans les tranchées et sur des prisonniers sont catégoriques à cet égard. Le sapeur français inspire désormais au pionnier allemand le respect qu'il n'accorde qu'à la force et à ceux qui le mettent dans l'obligation de reculer.

Le 1ᵉʳ mai, à β, dans l'état d'avancement actuel des travaux et avec la certitude presque absolue de l'existence, en avant de la tranchée allemande, d'un réseau défensif très serré et de mines préparées contre nos galeries offensives, on prend la décision de préparer des chambres de mines à l'extrémité de nos rameaux les plus profonds et les plus rapprochés de l'ennemi. Une chambre de mine est faite à l'extrémité du rameau R_r, elle a 2 m $\times$ 0ᵐ 80 $\times$ 1ᵐ 10. On continue le rétablissement de R_p. A R_k, on établit une chambre à l'extrémité et à droite.

Les écoutes, dans ce saillant, sont fructueuses. On entend des bruits en tête et à gauche de R_j à 7 ou 8 mètres de la chambre; ils sont perçus également de la chambre creusée à l'extrémité de R_r. Ces bruits très nets sont confirmés le 2 au matin. Dans G_5 *bis*, à 22 mètres de P_5, à la cote (— 15,00), on entend, au cours de la journée et de 20 heures à 2 heures, des bruits ennemis qui proviennent de la gauche et dont la distance ne peut être appréciée. Aux mêmes heures, des bruits sont entendus de R_i en avant et à droite, de R_p à 2 mètres de la demi-galerie R_e et sur la gauche de R_m à l'extrémité, à droite et à un niveau un peu inférieur. Il est possible que tous ces bruits aient la même origine.

§ 3. — *Préparation et chargement de dix-sept fourneaux de mine pour l'attaque du 9 mai* (1).

Le redoublement d'activité de l'ennemi nous inquiète. Nous savons que l'offensive doit être prise prochainement par l'armée et que nous aurons à faire jouer un assez grand nombre de fourneaux. Ce n'est donc pas le moment de laisser l'adversaire

---

(1) Neuf fourneaux ont été préparés par la compagnie 20/11, comme nous le verrons plus loin, devant les saillants β, γ, ε. Les huit autres ont été mis en œuvre par la compagnie 14/5 sur le reste du front.

démolir notre réseau souterrain ; et, d'autre part, si nous voulons prendre des mesures préventives en faisant partir des mines, nous allons perdre le bénéfice de notre avance en détruisant une partie de nos rameaux.

A ε, à la galerie G_{10}, on entend des bruits ennemis à 10 mètres environ, à droite du rameau de tête et à la même distance à gauche dans le rameau de droite.

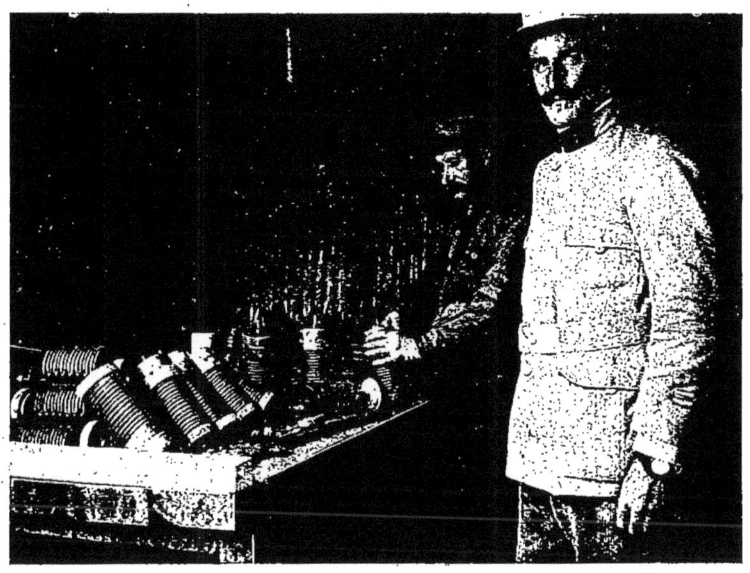

FIG. 76 — FABRICATION DE BOMBES AU PARC DU GÉNIE DU 33ᵉ C. A.

Cette période de l'année est très agréable ; le beau temps est venu définitivement. Il ne pleut plus ; les tranchées et les boyaux sont en excellent état. Avec beaucoup d'ardeur, les fantassins ont caillebotisé et amélioré le secteur, qui a pris un aspect bien différent de celui de l'hiver. Les parapets sont munis de créneaux, les banquettes de tir sont mieux faites. Les sacs à terre que nous retirons des mines servent pour les revêtements de talus. La liaison entre sapeurs et fantassins est toujours parfaite et, à chaque instant, on voit les occupants de la tranchée de première ligne venir donner la main dans les galeries pour l'éva-

cuation des déblais qui reste toujours le travail le plus long.
Les points où les déblais sont extraits avancent journellement vers
la ligne ennemie et ceux où il faut aller les jeter s'éloignent
dans les tranchées et les boyaux à cause de la nécessité de les
répartir également et de ne pas faire d'amoncellement qui pourrait être une indication précieuse pour l'ennemi.

Le 2 mai, des bruits sont signalés de tous côtés.

FIG. 77 — FABRICATION DE CLAIES ET DE FASCINES AU PARC DU GÉNIE DU 33ᵉ C. A.

A R$_i$ G$_7$, on a poussé le rameau de sauvetage et on a atteint
le corps d'un des sapeurs enterrés par l'explosion du 22.

A β, des bruits sont entendus provenant d'un point situé en
tête de R$_j$ et paraissant venir de 8 à 9 mètres vers la gauche.
Ils sont signalés également de R$_r$ comme venant d'un point
placé à 13 mètres environ à droite. D'autres bruits sont perçus
en tête de R$_i$, 8 mètres à gauche et en tête de R$_k$, 10 mètres
à droite.

A γ G$_6$, du rameau au fond du puits, on a entendu, de

4 heures à 4ʰ 20, un bruit ennemi assez rapproché, dont il est difficile de déterminer la nature.

A G_9, bruits en tête à 8 à 10 mètres.

A G_{10}, bruits entendus à droite de l'extrémité du rameau de tête.

L'écouteur envoyé à la tête de marteau à la suite des bruits signalés le 30 avril, n'a rien entendu.

Dans les journées des 3-4 mai, le bruit entendu en tête de R_s et de R_r à β se rapproche rapidement de l'extrémité du rameau R_s. Le bruit perçu en tête de R_i et de R_k a continué.

A γ, dans la galerie G_7, des bruits très rapprochés sont signalés du rameau de sauvetage.

A β G_9, on entend dans le courant de la journée les mêmes bruits que la veille.

A G_{10}, on signale des bruits en tête et à droite.

A 20 heures, le 3, un fourneau allemand explose en tête de G_9. Il n'y a aucun dégât dans les rameaux.

Le 4 mai, les mêmes bruits que la veille sont entendus à β. De plus, de G_5 *bis* en tête, on perçoit des bruits éloignés sur la droite.

A γ G_7, mêmes bruits que la veille ; à 18 heures, on fait la mise de feu d'un fourneau de 150 kilos, qui envoie des projections de terre dans les entonnoirs existants. Un tir d'artillerie ennemie suit pendant quelques instants l'explosion.

A G_{10}, mêmes bruits que la veille. On effectue l'allumage à 18ʰ 30 d'un fourneau de 150 kilos qui fait camouflet. C'est vraisemblable, car nous sommes à une assez grande profondeur dans la craie compacte. En raison des bruits précis signalés à β, on effectue le chargement d'un camouflet de 100 kilos de cheddite et d'un fourneau de 200 kilos. Aussitôt prêts, on fait la mise de feu.

L'attaque de Carency est imminente et on l'annonce même tout d'abord pour le 6. La préparation a été minutieuse. Elle est prête, mais combien mesquine par rapport aux moyens d'action formidable mis en jeu aujourd'hui! La préparation immédiate de l'assaut de l'infanterie comprendra quatre heures de bombardement d'artillerie lourde de campagne et de tranchée. L'artillerie lourde est encore bien rudimentaire.

Le canon de 58 a déjà tiré à maintes reprises, a fait des réglages et on fonde beaucoup d'espoir sur son action.

Les sapeurs sont également invités à intervenir dans cette préparation. Dix-sept fourneaux (8 à α, 3 à β, 4 à γ, 2 à ε) joueront pendant la préparation d'artillerie. Dans le secteur de la compagnie $20/11$, nous avons donc neuf fourneaux à mettre en œuvre. Ce sont :

$$1^o \text{ à } \beta \quad . \quad . \quad . \quad R_k, R_p, R_r$$
$$2^o \text{ à } \gamma . \quad . \quad . \quad . \quad R_b, G_6, R_j, R_e$$
$$3^o \text{ à } \varepsilon . \quad . \quad . \quad . \quad G_8, R_a$$

L'ordre d'exécuter ces mines est donné dans la journée du 5 mai, et, si l'attaque se produit le lendemain, on a tout juste le temps de préparer les fourneaux. Les charges et les longueurs de bourrage seront les suivantes :

SAILLANT	DÉSIGNATION des fourneaux	LONGUEUR du bourrage	CHARGEMENT de cheddite	
	R^k	15^m 00	1.000	
β	R_p	8 00	300	
	R_r	8 00	600	
			——— 1.900	
	R_b	15 00	1.200	
	G_6	8 00	300	
γ	R_e	8 00	300	
	R_j	10 00	500	
			——— 2.300	
	G_8	15 00	1.300	
ε	R_a	10 00	800	
			——— 2.100	

Les amorçages des divers fourneaux seront groupés par saillant, de manière à obtenir un effet plus considérable et aussi pour éviter que l'explosion d'une mine ne coupe les amorçages des voisines. Le mouvement des explosifs nécessaires au chargement des fourneaux sera fait dans la nuit du 5 au 6, ainsi que le chargement des neuf fourneaux. Dans la soirée, on apprend que l'attaque est remise de vingt-quatre heures. On aura donc largement le temps de faire les chargements et les bourrages.

Les explosifs arriveront à 22 heures à l'entrée du boyau Bonet. Le chargement représente, d'après ce que nous avons vu plus haut, 6ᵗ3oo. Le parcours à effectuer jusqu'aux divers fourneaux est de 1.5oo mètres en moyenne. Ce trajet est à faire tout entier dans les tranchées ou les boyaux, à dos d'homme par conséquent. Pour que le travail de chargement des fourneaux puisse s'exécuter simultanément aux neuf mines, il faut que le transport des explosifs se fasse en une seule corvée. D'autant plus que nous sommes dans une période de nuit complètement noire, et il est difficile de se déplacer dans le secteur avec une charge.

La cheddite est placée dans des caisses de 25 kilos. Pour effectuer le transport en une seule fois, il faudra donc 252 hommes. A 22 heures, heure à laquelle doivent arriver les voitures d'explosifs, les corvées sont en place à l'entrée du boyau Bonet. Les hommes de corvée sont divisés en trois groupes, un qui ira à β, un autre à γ et le troisième à ε. Le 1ᵉʳ groupe a 76 hommes, le 2ᵉ, 92 et le 3ᵉ, 84. Un gradé chef de détachement est désigné par groupe. L'itinéraire exact qu'il devra parcourir lui est indiqué d'une manière précise. Un autre gradé est adjoint et prendra la queue de chaque détachement, de manière à ne pas avoir de traînards et à éviter que quelques hommes ne se perdent aux divers carrefours rencontrés en cours de route.

L'appel est fait, tout le monde est en place dans l'obscurité, complète à ce moment. De temps en temps, le point lumineux d'une lampe électrique jaillit de la nuit, et éclaire un amoncellement de torpilles à ailette et de caisses de munitions d'infanterie de toutes sortes. Un brouhaha indescriptible d'hommes de corvée, de voitures de ravitaillement se produit. Le bruit de ce remue-ménage parvient-il jusqu'aux lignes ennemies ou bien a-t-il eu des indices d'une attaque très prochaine? Ces deux hypothèses sont vraies sans doute. En tout cas, les Allemands sont nerveux, la fusillade, depuis le début de la nuit, est intermittente. Vers 22ʰ10, nos voitures d'explosifs ne sont pas encore arrivées et nous avons bien des difficultés à éviter que notre corvée ne se disperse dans la nuit et ne se mélange avec les convois d'artilleurs de canons de tranchée ou de fantassins qui, en grand nombre, viennent chercher les vivres, les munitions et du matériel divers. L'entrée du boyau Bonet est un grand dépôt de matériel et de matériaux de toute nature, où les hommes se choquent et s'entre-choquent dans l'obscurité avec un fardeau plus ou moins encombrant. Des éclats de colère se produisent entre ceux qui se sont plus ou moins contusionnés. Tout à coup et sans que rien ait pu en laisser soupçonner la cause, une vive fusillade se déclenche en première ligne. Des fusées blanches, vertes et rouges partent en grand nombre des tranchées allemandes, et il est manifeste que ce sont des signaux convenus. En effet, l'artillerie ennemie entre en action aussitôt, déclenche la nôtre et déchaîne un vacarme épouvantable. Les obus tombent un peu partout dans le secteur, quelques 77 éclatent à proximité des dépôts où nous sommes. Nos voitures ne sont pas encore là et cependant ue doivent plus être bien loin. Que va-t-il leur arriver dans cette bagarre? Les Allemands font un tir de barrage sur Villers-au-Bois, qu'il faut précisément traverser pour venir vers nous. Collés contre les parois du boyau Bonet, nous attendons l'accalmie, qui se produit une demi-heure après. Vers 22ʰ40, le calme est rétabli. Immédiatement nous détachons deux hommes avec mission de rechercher nos voitures. Ils vont jusqu'à Villers-au-Bois et ne rencontrent pas le convoi attendu. Nous sommes inquiets, car, si le transport des explosifs ne se fait pas cette nuit, il sera très difficile d'être prêt pour le surlendemain.

A 23ʰ30, enfin, on entend quelqu'un qui dans la nuit appelle le génie. Nous répondons. C'est un convoyeur qui, au moment de la canonnade, a été chargé de nous prévenir que les voitures étaient égarées en plein champ et que les conducteurs attendaient

une accalmie pour nous rejoindre. Il s'est perdu et ne s'est
reconnu qu'une fois arrivé à notre première ligne. Voilà plus
d'une heure qu'il nous cherche. Pendant qu'il nous cause, arrive
une des voitures, qui a retrouvé sa route après bien des tâton-
nements. Immédiatement on décharge les caisses de cheddite et
à minuit les corvées sont prêtes à partir. On fait l'appel, tout le
monde est là. Les caisses sont distribuées. Les chefs de détache-

FIG. 78 — TRANCHÉE ALLEMANDE DE PREMIÈRE LIGNE DU SAILLANT β

ment partent en tête. Le premier suit le boyau Bonet, la tranchée
Mathis, la sape V et arrive à β ; le deuxième suit le boyau Bonet
jusqu'au boyau Magne, gagne la tranchée des Béarnais et par la
sape IX arrive à γ ; le troisième prend également le boyau Bonet,
le boyau Magne, puis le boyau des Béarnais, suit la tranchée
Genet et arrive par la tranchée des Vitriers au saillant ε.

Les explosifs sont en place vers 1 heure du matin le 6.
Aussitôt les caisses sont déclouées et les paquets de cheddite de
main en main sont envoyés dans les chambres de mines. Ce
travail de mise en place des explosifs se poursuit et, aussitôt
terminé, on commence le bourrage.

Vers le matin, le bourrage est continué dans tous les fourneaux.

Dans la journée, le travail est complètement terminé, les amorçages préparés et les mises de feu prêtes dans les conditions demandées. Mais on apprend que l'attaque n'aura lieu que le 9 mai. Nous avions été heureux d'un retard de vingt-quatre

FIG. 79 — ILOT OUEST DE CARENCY, QUARTIER DE LA BRASSERIE

heures, et maintenant avec neuf fourneaux prêts il faut attendre deux jours! Si les Allemands font exploser des mines, nous risquons d'avoir les cordeaux détonants coupés. C'est inquiétant et nous préférerions n'avoir pas fait les bourrages et seulement les exécuter dans la nuit qui précédera l'attaque.

Ce contre-temps va également montrer à l'ennemi que le silence complet a remplacé les bruits habituels dans nos mines les plus actives. Il doit avoir lui-même des fourneaux préparés. Ne va-t-il pas se décider à les faire jouer? Le lecteur peut se rendre compte sur le plan, où sont reportés les fourneaux allemands chargés le 9 mai, que cette crainte était justifiée.

Pour éviter cette éventualité, les travaux sont repris avec
activité dans les galeries et rameaux encore disponibles de notre
réseau souterrain, de manière à donner le change aux écouteurs
ennemis.

Le 7 et le 8 mai se passent sans incident. A G_9, des bruits
en tête assez éloignés sont signalés.

Nous arrivons à la veille du grand jour. La nuit va être employée par l'infanterie à faire tous ses mouvements de mise en
place. A 5 heures du matin, tout le monde doit occuper ses emplacements.

L'attaque de Carency du 9 mai 1915 fut le couronnement
d'une préparation clairvoyante et parfaite. L'infanterie savait que
sa mission était la prise du village et qu'elle contribuerait à une
action dont l'importance stratégique pourrait se dessiner si
chacun faisait bien ce qu'on attendait de lui. D'ailleurs, la visite
fréquente des grands chefs dans la tranchée de première ligne,
des cantonnements satisfaisants, des exercices bien compris,
donnaient au fantassin l'impression d'une chose pressentie et
voulue à distance. Le génie, engagé dans une guerre de mines
sans exemple sur le reste du front, sentait bien qu'il devait apporter sa part à la préparation du succès. Tous les jours, les officiers
d'artillerie étaient dans les tranchées et procédaient au réglage
de leur tir, soit directement ou à l'aide de jumelles à ciseaux.

Tous donc, fantassins, sapeurs et artilleurs, se côtoyaient
dans les tranchées boueuses et sans abri de Carency; chacun
apportait la même bonne humeur à l'exécution de son travail, et
personne ne songeait à se plaindre, parce que tous avaient
confiance et qu'ils partageaient les mêmes misères. Car on était
vraiment mal dans ces tranchées installées d'une manière précaire, où l'on était exposé, sans défense, à toutes les intempéries.
Mais avec une semblable préparation, on sentait qu'une décision
pourrait intervenir au printemps, et on patientait quoiqu'on

FIG. 80 ET 81 — DEUX VUES DIVERSES DE CARENCY APRÈS L'ATTAQUE DU VILLAGE

souffrît beaucoup, parce que chacun se disait que ses ennuis et ses peines conduiraient au succès.

L'attaque de Carency était liée à une opération offensive générale de la Xe armée. Carency et Ablain-Saint-Nazaire, deux points d'appui redoutables, parfaitement organisés par nos ennemis, servaient de pivot à l'ensemble de la manœuvre. La 70e D. I., sous les ordres du général Fayolle, avait pour mission de masquer Ablain-Saint-Nazaire, le bois 125, la partie ouest de Carency, et de se maintenir en liaison avec la 77e D. I. à sa droite par une conversion autour du point α, où, comme nous l'avons vu, la guerre de mines eut une intensité toute particulière et où le terrain était transformé en un incroyable chaos.

La 70e D. I. comprenait deux brigades, la 139e et la 140e; celle-ci devait se déployer face au nord, de manière à maintenir sa liaison à droite avec la 77e D. I. qui avait Souchez comme objectif, et à gauche avec la 139e brigade qui devait attaquer le cimetière de Carency et l'îlot sud-ouest du village, où s'étaient brisées nos attaques de décembre.

Les ordres mentionnent comme objectifs successifs α, β, γ, δ, ε, le boyau de Bavière, le boyau de la Redoute, noms et désignations à jamais célèbres par les combats particuliers, les corps-à-corps sanglants auxquels leur prise donna lieu.

Le matin du 9 mai, à 6 heures, toutes les troupes d'infanterie sont à leur poste. Tous attendent avec curiosité le commencement du tir d'artillerie, l'explosion des mines et, avec angoisse, l'heure de l'assaut. Les bataillons d'infanterie sont placés de la manière suivante : depuis le saillant α jusqu'au saillant ε, il y a, en partant de α, le 42e bataillon de chasseurs, puis les 360e et 237e régiments d'infanterie, ces deux régiments ayant chacun un bataillon en première ligne et un bataillon en réserve.

C'est dimanche, au petit jour une brume un peu froide couvre le sol, mais se dissipe rapidement. La journée s'annonce splendide, le soleil se lève radieux, un jour pur et bleu se fait. Quelques sons de cloches arrivent jusqu'à nous des villages où la fureur allemande n'a pu diriger ses obus et atteindre les églises. Un coup de sifflet de locomotive, très lointain, nous parvient porté par une brise légère. Dans le brouhaha des soldats qui se déplacent, des cliquetis de baïonnettes, on sent que quelque chose de grandiose se prépare. Tout le monde est bien en place. De temps en temps le 75 s'impatiente, trépigne et tire. La grosse

FIG. 82 — UNE BATTERIE DE 155 RIMAILHO DERRIÈRE LE BOIS DES ALLEUX
(HIVER DE 1914-1915)

artillerie, encore dans son enfance pour cette offensive, tonne à longs intervalles. Quelques balles allemandes claquent et s'écrasent contre nos parapets. Rien d'anormal encore et des bombardements semblables ont souvent eu lieu sans attaque d'infanterie. Nos ennemis ne paraissent nullement inquiets et aucun indice de trouble ne se fait sentir.

Les soldats, dans l'attente de l'annonce officielle de l'attaque, plaisantent et rient. Ils ont tant souffert dans ces tranchées inhospitalières, qu'ils se sentent heureux du beau temps d'au-

jourd'hui. Le soleil monte à l'horizon. Il fait chaud. Les alouettes
s'élèvent en chantant et seules ne paraissent pas se douter de
l'âpre lutte qui se déroule depuis des mois dans cette région.
Par les créneaux de tir on aperçoit la plaine couverte de verdure,
les ouvrages blancs, la ligne d'arbres qui jalonne la route
Béthune—Arras. L'impatience gagne tout le monde, l'heure

FIG. 83 — UNE BATTERIE DE 120 LONG DERRIÈRE LE BOIS DES ALLEUX
(HIVER 1914-1915)

prévue approche. N'y aura-t-il pas de retard? L'attaque sera-
t-elle déclenchée aujourd'hui?

6 heures. L'ordre arrive, il est immédiatement transmis sur
toute la ligne. Le bombardement déclenché aussitôt a déjà fait
connaître à tous la bonne nouvelle. Obus de 75, de 120, de 155,
de 220 tombent dru sur les lignes allemandes. Le roulement
sourd et continuel des départs se mêle au déchirement terrible
et formidable des éclatements. Le déchiquetage des défenses
accessoires commence, les piquets volent en l'air, les fils de fer
giclent en morceaux dans toutes les directions; les parapets des

tranchées allemandes s'écroulent, les sacs à terre de revêtements des tranchées, des pare-éclats, s'éboulent et obstruent les tranchées et les boyaux de communication. Les abris, minutieusement et solidement établis cependant, deviennent des repaires peu sûrs, des torpilles énormes lancées par les canons de tranchée en écrasent quelques-uns. Une épaisse fumée de mélinite et de poussière s'élève au-dessus des lignes ennemies.

Tout à coup le sol tremble, une gerbe énorme de terre et de craie monte dans l'espace et retombe avec un fracas épouvantable. Un nuage de fumée blanche et opaque inonde les tranchées. C'est le départ simultané des trois mines du saillant ε. Quelques minutes après, nouvelle secousse plus profonde, et cette fois dans la gerbe qui monte majestueuse, on aperçoit nettement un Allemand; on le retrouvera quelques heures plus tard pantelant sur les lèvres de l'entonnoir. D'instant en instant, la terre est secouée d'un puissant frisson qui s'épanouit au loin en ondulations de plus en plus faibles. Ce sont les dix-sept fourneaux préparés par les compagnies du génie 20/11 et 14/5 qui explosent tour à tour. Ceux de la 20/11, nous l'avons vu, se trouvent groupés par trois et contiennent par groupe environ 2 tonnes de cheddite. Pendant la préparation d'artillerie, une section était chargée de la mise de feu qui s'est faite sans accroc. Pendant vingt minutes environ, des entrailles de la terre jaillissent la démoralisation, la terreur et la mort. Et toujours, avec méthode, avec précision, la grêle d'obus déchire l'espace et s'abat sur l'ennemi. Que se passe-t-il en première ligne? Les chefs allemands ne savent plus rien, les lignes téléphoniques sont coupées, les tranchées chavirées. Les agents de liaison qui peuvent sortir de cet enfer réussiront-ils à y revenir? L'artillerie ennemie répond faiblement, elle paraît inquiète. Ce bombardement sans précédent doit être le prélude d'une attaque vigoureuse d'infanterie qui pourrait bien l'atteindre.

Au milieu de cette tourmente effroyable, l'ennemi essaie de se ressaisir; on entend, par instant, les coups de sifflet des

officiers, qui jettent l'alarme et enjoignent à chacun de tenir à
son poste. Puis, plus rien; il faut attendre la fin de la canonnade
effrénée qui dure, dure toujours.

Plusieurs mitrailleuses sont déjà ensevelies, leurs créneaux

ELÉVATION

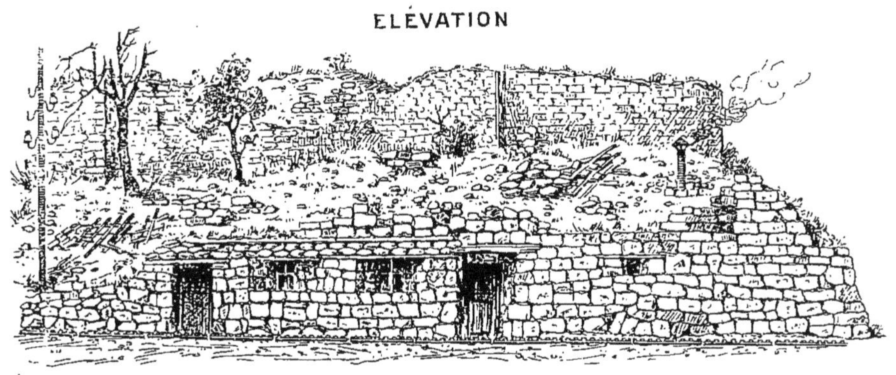

PLAN

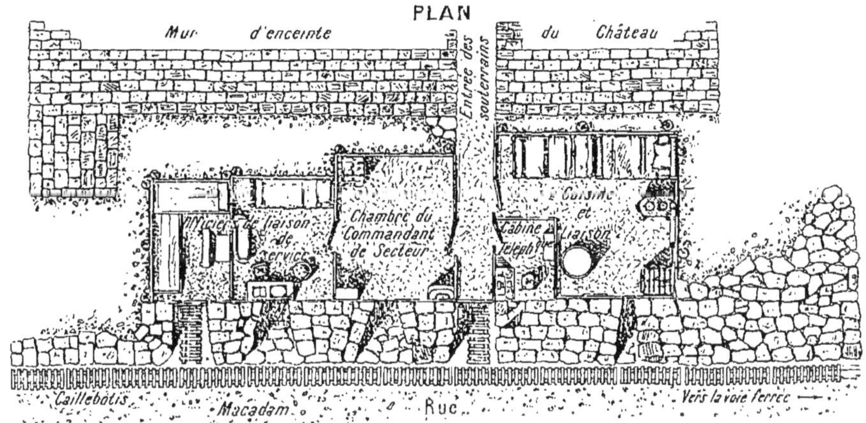

FIG. 84 ET 85 — ÉLÉVATION ET PLAN DE LA KOMMANDANTUR ALLEMANDE DANS CARENCY

sont démolis, les parapets des tranchées sont de plus en plus
bouleversés. Les lèvres des entonnoirs des fourneaux de mine
ont totalement modifié la configuration du terrain et neutralisé
les flanquements. Que faire? Les réserves viennent, mais forment
un objectif admirable pour l'artillerie. Depuis trois heures, nos

canons et nos obusiers crachent la mitraille sans relâche, quand
soudain l'intensité du tir augmente et double. C'est un délire.
Nos hommes attendent avec impatience l'heure de l'assaut. Ce
sera à la fin de la quatrième heure du bombardement.

10 heures. Tout à coup, sans en diminuer l'intensité, l'artillerie allonge son tir. De tous les parapets des tranchées françaises surgissent nos soldats qui se jettent en avant et bondissent

FIG. 86 — ASPECT DE CARENCY, PRÈS DE LA KOMMANDANTUR

sans coup férir dans les lignes ennemies. Quelques coups de fusil
sont tirés sur eux, une ou deux mitrailleuses se font entendre,
mais elles sont rapidement tournées et réduites au silence.

Les Allemands encore vivants sont attaqués à la grenade, ils
lèvent les bras et se rendent. Certains pleurent d'effroi, d'autres
tremblent de tous leurs membres, beaucoup ont des blessures
affreuses causées par les éclats d'obus ; les tranchées sont pleines
de cadavres. Nos fantassins continuent à progresser, emportant
des fanions qui permettront aux observateurs d'artillerie de

suivre leur avance et d'allonger leur tir en conséquence. Un téléphoniste s'élance à la suite des troupes d'assaut et déroule derrière lui le fil qu'il porte sur une bobine. Nos mitrailleurs sont déjà loin ; partis avec les premières vagues, ils ont emporté sur leur dos leurs pièces et leurs affûts ; ils sont déjà en place au delà des lignes conquises et l'on entend le tac-tac-tac de leurs engins, régulier comme celui d'un moteur à pétrole ; ils tirent sur les fuyards ennemis. Les sapeurs du génie sont, eux aussi, partis avec les colonnes d'assaut ; vite, ils ont coupé les câbles de mise de feu des fougasses et les fils téléphoniques ; ils explorent les mines et les abris, y découvrent de nombreux Allemands réfugiés là pendant le bombardement. Tous se rendent sans résistance, heureux d'en être quittes à si bon compte.

Dans cette journée mémorable, on assiste à l'apothéose de la liaison des armes qui ont été toutes habilement utilisées avec leurs moyens d'action. L'infanterie, qui s'est rendu compte que les canons lourds et de campagne, les mines, les canons de tranchée ont fait leur œuvre et ont rempli admirablement leur mission, a un moral parfait. Elle a franchi le parapet sans arrière-pensée, et, saluée par un soleil splendide, a commencé l'investissement du célèbre village. Trente minutes après l'assaut, la 77ᵉ D. I. est devant Souchez, la 140ᵉ brigade est en liaison avec elle et tient sous le feu de ses mitrailleuses et de ses fusils le débouché est de Carency.

Toute la journée du 9 et les 10, 11 et 12, se poursuit le resserrement de l'investissement. Le 12, tombe entre nos mains le bois 125, attaqué par le 269ᵉ, et Carency se trouve ainsi coupé d'Ablain-Saint-Nazaire. Dans la nuit du 12 au 13, le 44ᵉ bataillon de chasseurs entre dans Carency par l'ouest et fait prisonnière une partie de la garnison. Le 226ᵉ et le 42ᵉ bataillon de chasseurs tiennent le cimetière et la lisière est du village, rentrent dans Carency, le 13 au matin, par la route de Souchez et achèvent la conquête de ce repaire redoutable.

DU ROLE DE LA FORTIFICATION

Tous les travaux exécutés en vue du combat et dont nous avons étudié de nombreux exemples au cours de cet ouvrage sont du domaine de la fortification de campagne ; celle-ci obéit à des principes et utilise des moyens d'action.

Le flanquement, le champ de tir, la contrepente sont des conceptions, qui, par leur application, ajoutent à l'effet de surprise la possibilité d'économie d'effectifs, dans les intervalles battus par les feux de flanquement sans angle mort, et l'idée de coopération étroite entre les troupes.

Les collines, les bois, les villages, les chemins creux, les rivières, les carrières, les talus et d'une manière générale toute la surface du sol sont, avec le sous-sol, les moyens d'action, d'une valeur naturelle plus ou moins grande, qu'utilise la fortification de campagne.

Les procédés de la fortification permettent d'assurer le couvert contre les coups de l'assaillant, qui, au moment de l'assaut, sera maintenu le plus longtemps possible sous le feu du défenseur par un obstacle approprié ; de construire des observatoires pour donner des vues lointaines à l'artillerie ; d'établir les communications indispensables pour la transmission des ordres, ainsi que pour les déplacements des troupes et du matériel.

Les tranchées, les abris, les réseaux de fils de fer, les observatoires, les boyaux et tous les travaux de secteur sont les procédés de mise en œuvre habituellement employés.

Dans la guerre de mouvement, la fortification peut donner à

la manœuvre son maximum d'efficacité. Dans la période de stationnement, elle facilite la défense active.

Tous les principes, tous les moyens, tous les procédés n'ont de valeur que par l'énergie avec laquelle ils sont appliqués. A l'heure du combat défensif mieux vaut un secteur imparfaitement réalisé, qu'un secteur merveilleux encore à l'état de projet sur le papier.

La fortification de campagne, qui apparaît presque comme souveraine aujourd'hui, n'est pas une innovation de la guerre actuelle. Son importance avait été soulignée par la campagne russo-japonaise en Mandchourie, par le siège de Port-Arthur, qui résista de longs mois à des troupes d'une valeur offensive de premier ordre ; et enfin, dans les Balkans, par les fameuses lignes de Tchataldja, sur lesquelles se fixèrent vainqueurs et vaincus, arrivés à un état d'équilibre définitif.

Dès cette époque, une évolution profonde s'accomplit dans l'art militaire. Cependant les manœuvres stratégiques rapides et décisives des réalisations napoléoniennes paraissent encore possibles à beaucoup. Au début de la campagne, les événements semblent tout d'abord corroborer cette opinion ; mais, dans la suite, la bataille se réduit à un développement tactique de coups de bélier contre une barrière de secteurs formidablement organisés.

*
* *

Avant 1914 l'Allemagne, instruite par la pratique de la fortification de campagne et prévenue par l'expérience des guerres de Mandchourie et des Balkans, avait reconnu l'immense valeur de l'accrochage méthodique et judicieux au terrain. Le développement de son artillerie lourde, mobile cependant, et la mise au point de ses 420 en apportent la preuve. Elle sait d'autre part que nos troupes ont une base de résistance excellente, la région de l'Est avec ses places fortes de Verdun, Toul, Épinal et Belfort. La conception stratégique d'offensive de l'ennemi prouve, par la manière dont elle fut exécutée, combien fut nette et lointaine la préméditation d'agression.

Le plan d'attaque allemand est d'une ampleur vraiment audacieuse. Il a pour pivot la zone fortifiée de l'Est et se développe par la violation immédiate de la Belgique et du Luxembourg.

La défaite de Charleroi, notre échec en Lorraine annexée et en Alsace, nous forcent à la retraite. Combien la mise en œuvre des principes et des moyens de la fortification semble alors précaire devant l'armement formidable dont disposent nos adversaires!

Notre recul est précipité, mais suffisamment ordonné. Dans le désordre général apparent, un plan génial de contre-offensive se développe. Les armées du Grand Couronné de Nancy et d'Alsace tiendront, accrochées au terrain, malgré un prélèvement subit de plusieurs corps d'armée, dont le déplacement rapide assure la transformation de l'ordre de bataille. Paris, grâce à ses merveilleuses voies de communication convergentes et à ses immenses ressources de moyens de transport, devient tête de manœuvre. Quelques journées de confiance absolue, l'activité de tous dirigée presque aveuglément vers l'exécution des ordres, nous donnent la victoire de la Marne. Nous sommes sauvés de l'étreinte des armées allemandes, qui s'enfuient tout d'abord dans un désordre complet. Après de durs combats où la manœuvre peut encore être employée, l'ère des grands travaux commence sur les fronts de l'Est et de l'Aisne, et la fortification de campagne permet le prélèvement des divisions, qui viennent poursuivre la tentative continue et réciproque d'enveloppement par le Nord. Cette manœuvre de débordement reste infructueuse et la guerre de mouvement sur le front occidental s'arrête sur les plages de la mer du Nord.

Confiante dans la supériorité de son armement, l'Allemagne veut en finir avec nous. Les attaques sur l'Yser et Arras, poursuivies pendant plusieurs semaines, ont pour objectif de percer l'enceinte de tranchées encore discontinues, établie par des troupes résolues à les garder. Tous ses efforts sont vains. Des réactions violentes se produisent encore tout le long de notre immense front, les lignes oscillent, mais tout le monde manie la pelle et la pioche avec ardeur, les secteurs apparaissent de part et d'autre, et ferment le front de Belfort à Nieuport.

Nos adversaires commencent à redouter le blocus, les mers leur sont désormais interdites, et la résistance de nos troupes marque l'échec complet de l'offensive allemande contre la France.

*
* *

La fixation du front occidental établie, l'Allemagne cherche une solution sur le front oriental, beaucoup plus étendu et où la manœuvre sera longtemps possible. Ce front devient le théâtre d'une longue guerre de mouvement, très dure pour nos amis. En 1915, après une cristallisation des lignes d'une durée de quelques mois, le brusque déclenchement de l'offensive des puissances centrales force les Russes à abandonner leurs positions. La différence d'armement est encore plus formidable ici qu'elle ne l'a été pour nous ; peut-être aussi les Russes, au cours d'un hiver très rigoureux, ne purent-ils pas obtenir de la fortification toute la puissance défensive voulue. Après une longue et pénible retraite, l'armée russe parvient à se stabiliser.

Par notre activité, nous maintenons sur notre front le plus grand nombre possible de divisions allemandes. L'attaque du 9 mai 1915 effectue la rupture du front ennemi dans la région de Carency. Ce beau succès n'eut pas de résultats stratégiques importants, mais il fixe les réserves de notre adversaire, lui inflige de lourdes pertes. L'objectif atteint, les résultats obtenus, sont largement à l'échelle des moyens d'action employés. Quant à chercher à savoir ce qui aurait pu se passer, si telle ou telle chose avait été faite, c'est entrer dans le domaine des hypothèses et de la critique. Il est excessivement difficile d'embrasser clairement et d'un seul regard la préparation et l'exécution d'une offensive, de connaître en même temps les réactions imprévues de l'ennemi. On ne peut donc porter un jugement sain que par l'examen exclusif des faits, et en comparant résultat et prix de revient.

Notre offensive d'Artois et de Champagne, en septembre 1915, dispose de moyens d'action plus considérables, mais elle se heurte cette fois à des procédés plus puissants de la fortification.

A la fin de 1915, l'offensive anglo-française sur le front occidental, l'offensive allemande en Russie sont arrêtées, et la valeur de la fortification s'affirme de plus en plus. Elle assure sur deux immenses fronts l'encerclement des puissances centrales, qui se resserre par l'entrée en scène de l'Italie.

*
* *

Au début de 1916, la Quadruple Entente peut envisager l'avenir avec confiance. Mais dans un suprême effort industriel et militaire, l'Allemagne et l'Autriche amènent devant Verdun et dans le Trentin leurs masses de manœuvre. A Verdun surtout s'engage une terrible bataille d'usure. Nous traversons des heures graves pendant cette offensive de plusieurs mois.

Mais à leur tour, les Russes attaquent des secteurs déséquilibrés et amènent la rupture sur un vaste front. La bataille du Trentin s'en ressent aussitôt et l'activité des Autrichiens diminue rapidement.

La lutte continue à Verdun, et malgré une résistance difficile, nous sommes prêts en juillet à prendre dans la Somme l'offensive en liaison avec les Anglais. Sur le front de Woëvre le feu d'artillerie ennemi s'éteint peu à peu. Les Italiens dégagés attaquent eux-mêmes dans des conditions favorables.

Cette période voit naître au cœur de tous les Alliés un immense optimisme : les Russes font prisonniers des centaines de mille hommes, la Somme nous libère du cauchemar de Verdun, les Italiens prennent Gorizia. Pendant plusieurs mois les Alliés entretiennent un terrible feu d'artillerie, qui s'apaise parfois pour reprendre avec plus d'intensité. Notre puissance industrielle est en plein rendement : canons et munitions sortent en quantités illimitées de nombreuses et immenses usines.

Mais nos ennemis demandent à leur industrie et à la fortification le rétablissement de l'équilibre rompu. Le feu roulant dont les Alliés arrosent les tranchées adverses cesse au seuil du troisième hiver. La malheureuse aventure de la Roumanie vient augmenter le malaise laissé par la constatation de la valeur défensive, due pour une assez grande part à la fortification. La reprise des forts de Douaumont et de Vaux vient cependant atténuer sensiblement l'inquiétude soulevée par la crise roumaine. L'année 1916 se termine donc sous des auspices favorables pour les Alliés. Elle a vu de part et d'autre la lutte âpre de l'armement contre la fortification de campagne. Les larges fissures ouvertes dans l'enceinte ennemie nous montrent la valeur inappréciable de l'unité d'action et le maquillage défensif de certains secteurs adverses, qui peuvent craquer devant une attaque par surprise.

*
* *

L'Allemagne, certaine désormais de ne pouvoir percer nos lignes et inquiète de l'entente des Alliés, qui a amené l'échec de ses tentatives guerrières, prend une résolution nouvelle. Elle décide d'offrir la paix. Des événements très graves se passent en Russie et, pendant que les Anglais et les Français préparent une action de grande envergure, la révolution russe se produit. L'autocratie a laissé tous les services dans un grand désordre, la trahison était installée au sein même du pouvoir.

Malgré la certitude de la passivité de la Russie, nos ennemis craignent l'offensive du front occidental. Pour répondre à nos préparatifs qui s'annoncent formidables, Hindenburg emploie largement la fortification de campagne. L'armée allemande recule entre Arras et Soissons et résiste malgré cela péniblement entre

Lens—Arras et Soissons—Reims, ailes de notre offensive. La position de repli Hindenburg permet aux Allemands de réaliser une économie de forces, les destructions de voies de communication retardent l'avance anglo-française.

Au cours de 1917, l'initiative d'attaque reste aux mains des Alliés et s'il n'y avait une ombre au tableau, l'échec de l'Italie, on ne pourrait s'empêcher de constater qu'au cours de cette année, les Alliés ont eu le commandement des opérations.

La Russie a signé la paix et une situation, qui existait en fait depuis longtemps, est maintenant proclamée officiellement : nous n'avons plus à compter sur son aide. Mais en revanche les États-Unis jettent l'épée dans la balance et leurs soldats, à l'aube de l'année 1918, viennent à nous pour prendre part aux plus durs et aux plus décisifs combats de la guerre. Le Japon pourrait bien aussi réserver quelque désagréable surprise à l'Allemagne.

La fortification de campagne ne va-t-elle pas évoluer devant les tanks et les avions qui apparaissent de plus en plus puissants et de plus en plus nombreux? Ces engins ne permettront-ils pas la rupture du front considéré jusqu'à ce jour comme inexpugnable et resté pratiquement impossible? L'avenir va parler.

Thomas, La prise de Carency.

PLAN GÉNÉRAL DE LA GUERRE DE MINES
DE CARENCY

Les galeries indiquées par ————— sont celles qui ont pu être reconnaître après la visite des lieux ou par les renseignements obtenus sur les documents trouvés.

Le lecteur verra, au cours de la lecture, que de nombreuses fois les textes peuvent se vérifier très exactement sur ce plan.

Ce plan ne porte évidemment qu'une très faible partie des galeries allemandes. La plupart n'ont pas pu être explorées par suite de l'inconvénient de visiter un réseau de mines complètement bouleversé. Beaucoup d'autres et certains rameaux étaient complètement bouchés par une explosion.

LÉGENDE

TRAVAUX FRANÇAIS

————— Tranchées et boyaux.
————— Galeries de mines.
————— Rameaux.

TRAVAUX ALLEMANDS

+++++++++ Tranchées et boyaux.
————— Galeries de mines existant le 9 mai.

Saillant β
Saillant γ
Saillant δ
Saillant ε

Charge
Chargé
Tête de la Marteau
Guébrol
Tranchée Methia
Parallèle Courteille
Boyau Bondi
Tranchée
Sape IV
Sape V
Sape VI
Sape VII
Sape VIII
Tranchée
Bravais
Thobie
Boyau de la Bourse
B. Magne
Tranchée Augier
Boyau des Béarnais
Béguinot
Tranchée des Vitriers
Sape XIII
Sape XIV
Sape XV
Boyau Sidi Brahim

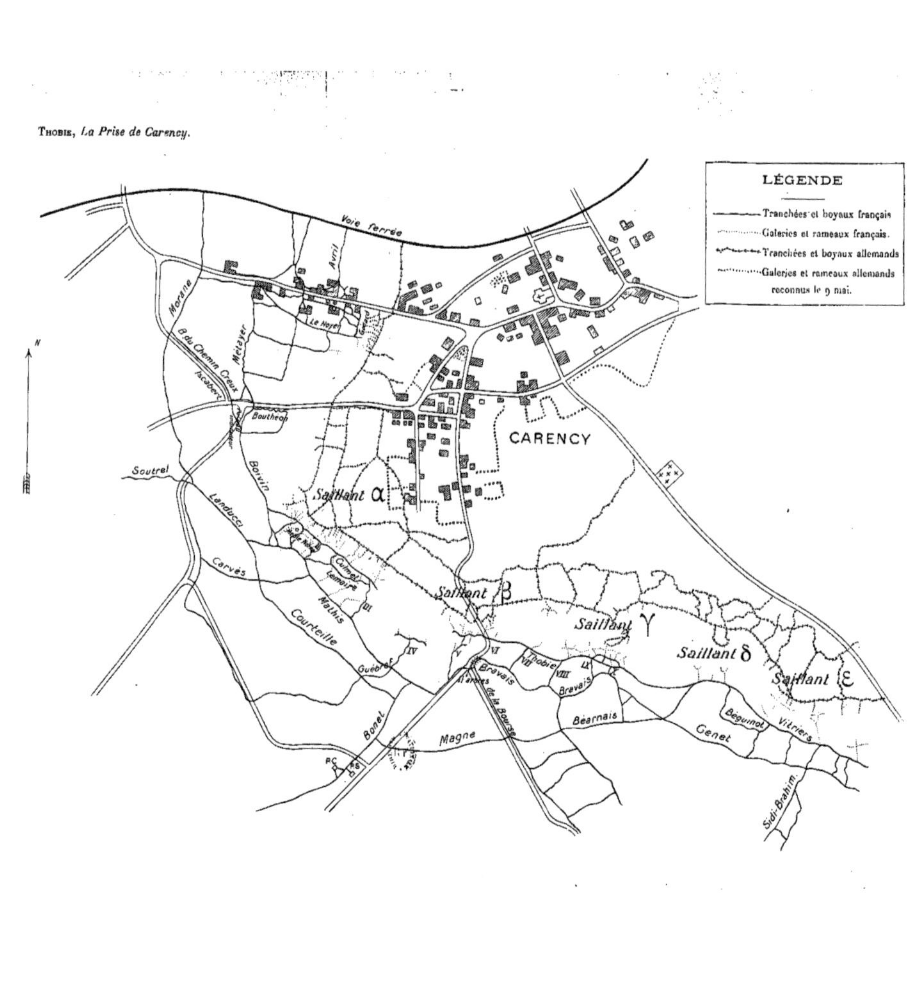

LÉGENDE
Tranchées et boyaux français
Galeries et rameaux français.
Tranchées et boyaux allemands
Galeries et rameaux allemands
reconnus le 9 mai.
Voie ferrée
Avril
Marline
B. du Chemin Creux
Metayer
Le Haye
Iscaberi
Boutheon
Soutrel
Boivin
Landucci
Carvés
Cuinal
Lemaire
Mathis
Courteille
Guéret
Bonnet
Magne
P C
Saillant α
CARENCY
Saillant β
Saillant γ
Saillant δ
Saillant ε
Thobie
Bravais
Bravais
Rue de la Bourse
Béarnais
Béguinot
Genet
Vitriers
Sidi-Brahim
N
I
II
III
IV
VI
VII
VIII
IX

TABLE DES GRAVURES

HORS TEXTE

TABLE DES MATIÈRES

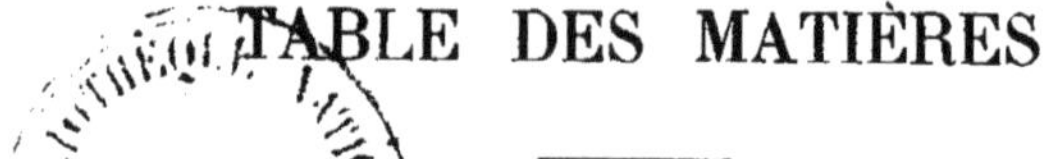

ACHEVÉ D'IMPRIMER

LE QUINZE MAI MIL NEUF CENT DIX-HUIT

PAR BERGER-LEVRAULT

A NANCY

BERGER-LEVRAULT, LIBRAIRES-ÉDITEURS

PARIS, 5-7, rue des Beaux-Arts — rue des Glacis, 18, NANCY

Verdun à la veille de la Guerre et Verdun en 1917, par Edmond PIONNIER et Ernest BEAUGUITTE. 1917. Volume grand in-8, avec 43 dessins de KONARSKI et 9 photographies de Verdun bombardé . . . . **3 fr. 50**

Journal d'un bourgeois de Nancy, par René MERCIER, directeur de l'*Est Républicain.*

— **Nancy sauvée.** Préface de L. MIRMAN, préfet de Meurthe-et-Moselle. 8e mille. 1918. Volume in-12 . . . . **3 fr. 50**

— **Nancy bombardée.** Préface de G. SIMON, maire de Nancy. Avant-propos de H. TERQUEM, maire de Dunkerque. 1918. Volume in-12 . . . . **3 fr. 50**

Parmi les Ruines. *De la Marne au Grand Couronné*, par E. Gomez CARRILLO. Traduit de l'espagnol par J.-N. CHAMPEAUX. 4e mille. 1915. Vol. in-12 de 387 pages, br. **3 fr. 50**

Le Sourire sous la Mitraille. *De la Picardie aux Vosges*, par E. Gomez CARRILLO. Traduction de Gabriel LEDOS, revue par l'auteur. 1916. Volume in-12 . . . . . . **3 fr. 50**

Au Cœur de la Tragédie. *Les Anglais sur le front*, par Gomez CARRILLO. Traduction de Gabriel LEDOS. 1917. Volume in-12 . . . . **3 fr. 50**

Une Visite à l'Armée anglaise, par Maurice BARRÈS, de l'Académie Française. 1915. Volume in-16 jésus de 120 pages . . . . **1 fr. 25**

La France en guerre, par Rudyard KIPLING. Traduit de l'anglais par Claude et Joël RITT. 7e édition. 1916. Volume in-16 jésus, avec 2 photographies . . . . **1 fr. 50**

Quelques Héros. *Récits authentiques de la Grande Guerre*, par le capitaine DELVERT. Lettre-préface de Marcel PRÉVOST, de l'Académie Française. 5e édition. 1918. Volume in-12, avec 16 gravures hors texte . . . . **3 fr. 50**

Les Parisiens pendant l'état de siège, par Raymond SÉRIS et Jean AUBRY. Préface de Maurice BARRÈS, de l'Académie Française. 1915. Beau volume in-8 écu, avec 43 illustrations inédites, couverture artistique, broché . . . . **3 fr. 50**

La Vie de Guerre 1914-1915, contée par les soldats. Lettres recueillies et publiées par Charles FOLEŸ. 1915. Volume in-12 . . . . **3 fr. 50**

Les Lettres héroïques. (*Bibliothèque de la guerre*, n° 1.) 1915. Volume in-12 . **60 c.**

Lettres pour le Filleul de l'Arrière, par Paul ABRAM. Préface de Paul MARGUERITTE. 1917. Volume in-16 jésus . . . . **3 fr.**

L'Épopée serbe. *L'Agonie d'un Peuple*, par Henry BARBY, correspondant de guerre du *Journal*. 1916. Volume in-12, avec 20 illustrations hors texte et 1 carte . . . . . **3 fr. 50**

Face aux Bulgares. *La Campagne française en Macédoine serbe. Récits vécus d'un officier de chasseurs à pied (octobre 1915-janvier 1916)*, par Henri LIBERMANN. Préface de Paul MARGUERITTE, de l'Académie Goncourt. 1917. Volume in-12 . . . . **3 fr. 50**

En Allemagne. Impressions d'un Évadé. *De Douaumont à Mannheim et aux camps de représailles et de punitions*, par Géo VALLIS. 1918. Volume in-12 . . . . . . **2 fr. 50**

Les Prisonniers civils en Allemagne. *Impressions de captivité à Bad-Hombourg*, par N.-P. KARABTCHEWSKY, avocat à la Cour de Petrograd. Traduit du russe. 1917. Volume in-12 . . . . **3 fr. 50**

L'Évasion. *Récit de deux Prisonniers français évadés du camp d'Hammelbourg*, par D. BAUD-BOVY. Préface de Maurice MILLIOUD, directeur de la « Bibliothèque universelle ». 1917. Volume in-12, avec 15 illustrations . . . . **3 fr. 50**

Carnets de Route de Combattants allemands. Traduction intégrale, introduction et notes par Jacques DE DAMPIERRE, archiviste-paléographe. — I. *Un officier saxon.* — *Un sous-officier posnanien.* — *Un réserviste saxon.* (Publication autorisée par le ministère de la Guerre.) 1916. Volume in-12, avec 16 illustrations et fac-similés photographiques d'écriture . . . . **3 fr. 50**

Carnet de route d'un Soldat allemand. Avant-propos de M. Frank PUAUX. 1915. Volume in-12 . . . . **60 c.**

Les Rapatriés, par René BENJAMIN. 1918. Volume in-16 écu . . . . **1 fr. 50**